CÓDIGOS EMPRESARIAIS

ESTRATÉGIAS QUE TRANSFORMAM NEGÓCIOS

EDITORA
CHAVE MESTRA®

EDITORA
CHAVE MESTRA®

Av. Marcos Penteado de Ulhoa Rodrigues,
1119 – Tamboré, Alphaville – SP,
Ed. Office Shopping Tamboré –
Andar 21 – Sala Chave Mestra
CEP: 06460-040
@editorachavemestra
editora@editorachavemestra.com.br
www.editorachavemestra.com.br

DIREÇÃO EDITORIAL
Raquel Medeiros

COORDENAÇÃO EDITORIAL
Bartira Costa Neves

EDITORIA JR.
Larissa Robbi Ribeiro

ASSISTÊNCIA EDITORIAL
Eloiza Andrade
Flávio Alfonso Jr.

REVISÃO:
Luiza Tenuta
Isabela Fontenelles

DIAGRAMAÇÃO E PROJETO GRÁFICO
Weslei Eugênio

***BRANDING* DE CAPA**
Jônatas Nuno Leite

Título original em português:

Códigos empresariais

estratégias que transformam negócios

Dados Internacionais de Catalogação na Publicação (CIP)

Vale, Rogério (Organizador)

V149 Códigos empresariais: estratégias que transformam negócios / Rogério Vale (org.) – Barueri, SP: Chave Mestra Editora, 2025. 256 p.: 16 x 23 cm

ISBN 978-65-5496-095-3

1. Negócios. 2. Empreendedorismo. 3. Metas e objetivos. 4. Desenvolvimento profissional. 5. Finanças. 6. Estratégia. I. Título.

CDD 158.1

CÓDIGOS
EMPRESARIAIS

APRESENTAÇÃO

O mundo corporativo é dinâmico, e nele a capacidade de adaptação e a visão estratégica se tornaram essenciais para o sucesso. No entanto, as empresas que se destacam não são só aquelas que acompanham as mudanças, mas também aquelas que sabem como se transformar, inovar e aplicar conhecimentos profundos que vão além das teorias tradicionais. Em *Códigos empresariais: estratégias que transformam negócios*, você encontrará um conjunto de práticas e mentalidades que, se aplicadas com inteligência e consistência, têm o poder de transformar qualquer organização.

Este livro reúne temas fundamentais que formam os alicerces da gestão empresarial moderna e oferece estratégias práticas, aplicáveis e focadas no crescimento. Ao longo de suas páginas, são abordados conceitos essenciais como o código da qualidade, que destaca a importância do lucro e da eficiência operativa, e finanças estratégicas, que explora como o controle do fluxo de caixa pode ser a chave para a sustentabilidade financeira de uma empresa. A obra também discute tópicos como expansão para novos mercados, e como a beleza e o bem-estar podem ser alavancados por uma gestão sólida de clientes e finanças.

Em um ambiente que valoriza cada vez mais a comunicação eficaz, a inteligência emocional e a liderança transformadora, esta leitura se propõe a entregar uma visão ampla sobre como esses elementos podem influenciar positivamente o desempenho organizacional. O impacto da liderança servidora, a importância do capital humano e como as empresas podem moldar sua cultura de forma ética são mais alguns dos temas encontrados nestas páginas e que não só são tendências no mercado, mas que também se revelam como ferramentas importantes para a criação de um ambiente corporativo de alta performance.

A jornada através dos capítulos de *Códigos empresariais* é construída com base na ideia de que, para liderar com eficácia e alcançar o sucesso sustentável, é necessário ter uma visão clara do futuro, saber agregar valor ao cliente e compreender profundamente os fundamentos da gestão estratégica. Cada autor(a) convida para a reflexão e a ação, trazendo o entendimento de que as empresas que não apenas sobrevivem, mas prosperam, são aquelas que operam com uma visão holística, na qual a inovação, a ética, a resiliência e a adaptabilidade estão entrelaçadas de forma indissociável. A gestão eficiente, a governança sólida e a liderança transformadora são os pilares que sustentam empresas que, além de alcançar lucros, também contribuem para um futuro melhor e mais justo.

Este livro reforça que cada profissional, cada líder e cada colaborador é parte integrante de um ecossistema corporativo mais amplo. Portanto, a jornada de transformação começa com você. Ao aplicar os princípios e estratégias aqui compartilhados, você não só impulsionará seu negócio, como também será parte da mudança que o mercado exige: um mercado mais ético, mais conectado e mais inovador.

Prepare-se para refletir, aprender e, principalmente, transformar. O sucesso está nas suas mãos, então mãos à obra e ótima leitura!

EDITORA
CHAVE MESTRA®

IDEC
INSTITUTO
DE DESENVOLVIMENTO
COMPORTAMENTAL

Sumário

CÓDIGOS EMPRESARIAIS

Adriana Samara

Meu nome é Adriana Samara, e minha maior identidade está em ser filha do Deus vivo. Sou consultora em sistemas de gestão da qualidade, auditora líder ISO 9001 e professora universitária.

Sou formada em Engenharia e tenho quatro especializações, incluindo MBA Executivo em Consultoria e Planejamento Empresarial e MBA Executivo em Gestão de Equipes e Gestão da Qualidade.

Minha atuação é pautada na implementação e no aprimoramento de Sistema de Gestão da Qualidade (SGQ), garantindo eficiência operacional e maior competitividade para as empresas.

Para aprender mais sobre gestão da qualidade, acompanhe minhas redes sociais.

adrianaconsultorias
adriana.samara@focoqualidade.com.br
www.focoqualidade.com.br

CÓDIGOS EMPRESARIAIS

1 CÓDIGO DA QUALIDADE: LUCRO E EFICIÊNCIA

Por Adriana Samara

Desvendando o código para o sucesso empresarial

Muitas empresas fecham nos primeiros anos de atuação, mesmo quando entregam bons produtos e serviços e têm potencial de mercado. Você já parou para refletir o que pode estar impedindo um negócio de se consolidar? Ou, até mesmo, por que algumas empresas se destacam e crescem de forma organizada e outras vivem tentando resolver crises, contornar problemas e mitigar danos?

A resposta para superar esses e outros desafios empresariais está no código empresarial apresentado neste capítulo: a implementação de um Sistema de Gestão da Qualidade estruturado e eficaz.

Empresas de sucesso investem em qualidade

Uma empresa com um Sistema de Gestão da Qualidade (SGQ) eficaz apresenta um conjunto de práticas, diretrizes e políticas que, quando aplicadas, organizam os processos, reduzem retrabalhos, diminuem os desperdícios e a perda de prazos, melhoram a produtividade, fortalecem a comunicação, aumentam a satisfação do cliente, auxiliam os gestores para a tomada de decisões assertivas, contribuem para a gestão de pessoas e melhoram o desempenho financeiro da empresa.

A ISO 9001 é a principal referência para a implantação de um Sistema de Gestão da Qualidade. A empresa interessada em obter a certificação ISO 9001 para seu SGQ deve passar por um processo de implementação, seguido por auditorias que verificam a conformidade com os requisitos da norma.

No estudo *Does ISO 9001 pay? – An analysis of 42 studies*, publicado pela ISO, foi realizada uma pesquisa com análise de 42 estudos científicos, mostrando que a implementação da norma melhora o desempenho financeiro das empresas, e que isso ocorre principalmente devido ao aumento nas vendas. Já no estudo intitulado *The Relationship Between ISO 9001 and Financial Performance: a Meta-analysis*, uma meta-análise de 92 estudos revelou que a certificação ISO 9001 contribui significativamente para o aumento da receita e a melhoria do desempenho financeiro das organizações.

O estudo *An Empirical Investigation of the Impact of ISO 9001 Certification* destaca: "A certificação ISO 9001 pode abrir novos mercados, uma vez que diversas indústrias passaram a exigir essa certificação como requisito para realizar negócios nos últimos anos".

Diante desse cenário, fica claro que os benefícios da certificação são inúmeros. Empresas que priorizam a qualidade, entendem que não se trata apenas de formalidades, mas sim um fator estratégico para o crescimento organizacional.

Compromisso com a qualidade: o código empresarial para a excelência

A certificação de um Sistema de Gestão da Qualidade não se trata apenas de um selo ou um certificado, mas representa uma cultura organizacional de excelência. Nesse contexto, a alta direção tem uma função determinante para a eficácia do SGQ; sua atuação com liderança e comprometimento irá instaurar entre os colaboradores a cultura da qualidade e o engajamento para um SGQ eficaz.

Tendo em vista os benefícios apresentados, se você, empreendedor, quer impulsionar o crescimento da sua empresa através de um SGQ, apresento abaixo algumas diretrizes para conduzi-lo ao código empresarial do sucesso: o Sistema de Gestão da Qualidade eficaz.

<u>1º — Comece pelo diagnóstico: O que impede sua empresa de crescer?</u>

Para gerar melhorias e alcançar o sucesso esperado, primeiramente é preciso entender a realidade da empresa, ou seja, avaliar a situação atual. Vou compartilhar com você, querido leitor, uma experiência que evidencia a importância do diagnóstico inicial.

Ao ser contratada por uma organização que enfrentava problemas financeiros, identifiquei que um determinado contrato, mesmo sendo um contrato de grande porte, ou seja, na casa de milhões, não era financeiramente viável, considerando todos os custos envolvidos. Para fundamentar o diagnóstico, elaborei indicadores financeiros que demonstravam a inviabilidade desse contrato. Com base nesses dados, entrei em contato com a empresa contratante do meu cliente e conduzi uma negociação que resultou na revisão do contrato e no reajuste significativo do valor anteriormente acordado.

O caso apresentado reforça a importância do diagnóstico como um instrumento para a elaboração de um planejamento eficaz e para a tomada de decisões assertivas.

Se você quer realizar um diagnóstico da sua empresa, pode começar a refletir a partir das seguintes perguntas: A sua empresa enfrenta dificuldades com o processo de comunicação entre os setores? Apresenta um alto custo com retrabalho e desperdício? Sua empresa entrega o que promete? Já teve problemas com reclamações recorrentes e insatisfação de clientes? Caso surja uma excelente oportunidade, sua empresa está preparada para crescer de forma organizada? O que seria necessário para sua empresa ser uma referência no segmento em que você atua?

Essas são perguntas que, quando respondidas de forma sincera, revelam gargalos recorrentes em empresas com Sistema de Gestão da Qualidade inexistente ou ineficaz, mas que facilmente são resolvidos com o direcionamento estratégico alinhado à organização estruturada dos processos.

2º — Construa processos de excelência

Quando uma organização realiza suas atividades sem processos definidos e estruturados, fica mais suscetível a atrasos, retrabalhos e desperdícios. A ação sem planejamento a longo prazo torna o negócio mais vulnerável.

A padronização dos processos é uma ferramenta estratégica para a organização que busca a excelência, pois detalha cada etapa da execução do serviço, favorecendo a entrega do produto ou serviço dentro do prazo e com qualidade.

Durante as consultorias empresariais que realizo, desenvolvo procedimentos — ou seja, o fluxo detalhado de execução dos serviços para todos os processos críticos — e, frequentemente, durante a elaboração dos procedimentos, atuo em conjunto com o setor responsável e identificamos oportunidades de melhorias no fluxo de execução do serviço. Meu foco é garantir a padronização dos processos da forma mais simples e eficiente possível. Como resultado, otimizamos o processo, reduzindo prazo de execução e elevando a qualidade do produto ou serviço final.

3º — Gestão da qualidade é trabalho em equipe: engaje todos no processo

Muitas vezes, a qualidade é vista apenas como um setor dentro das empresas, mas essa visão errônea prejudica a eficácia do Sistema de Gestão da Qualidade e, consequentemente, a saúde da empresa como um todo.

Para ilustrar essa análise, faremos uma analogia com o corpo humano. Imagine que cada órgão do corpo represente uma área da empresa: o cérebro seria a diretoria, que é responsável por decisões estratégicas; o coração, o setor financeiro, que distribui os recursos essenciais para manter o funcionamento de todo o corpo; e assim por diante, com cada órgão representando uma função.

Se todos os órgãos do corpo se encontram em perfeito estado de funcionamento, podemos dizer que se trata de um ser humano saudável; porém, caso algum órgão pare de funcionar, a sua saúde poderá ser drasticamente afetada, ou os outros órgãos poderão ficar sobrecarregados.

O mesmo acontece com a aplicação da qualidade nas empresas; se um setor não trabalha seguindo princípios da qualidade, poderá afetar a saúde da empresa como um todo, ou até mesmo sobrecarregar outro setor. Por isso, é importante que todos estejam envolvidos no Sistema de Gestão da Qualidade. Toda a equipe deve entender a sua importância para o sucesso da organização, e para isso é necessário que haja a conscientização e o engajamento de todos os colaboradores.

Para alcançar esse objetivo com meus clientes, elaboro um plano de treinamentos estruturado e voltado para a conscientização da qualidade, para que os colaboradores possam compreender e aplicar princípios da qualidade em suas atividades. Também ministro um curso de formação de auditores internos na NBR ISO 9001, a fim de preparar colaboradores de diferentes setores para atuarem como multiplicadores da qualidade.

Outro aspecto essencial no trabalho com meus clientes são os treinamentos voltados para a liderança, capacitando gestores que direcionam a equipe para a qualidade. Em todos os cursos e treinamentos são utilizados exemplos práticos e dinâmicas para aumentar o engajamento da equipe.

Para que o Sistema de Gestão da Qualidade seja eficaz, é necessário o comprometimento de toda a equipe. O sucesso do Sistema de Gestão da Qualidade é reflexo do trabalho em equipe.

Transforme sua empresa com a gestão da qualidade

Implantar um Sistema de Gestão da Qualidade é uma escolha assertiva, e contar com consultores qualificados que conduzam a implementação e a manutenção e realizem auditorias efetivas e treinamentos que gerem resultados é essencial para o sucesso do projeto.

O Sistema de Gestão da Qualidade não é um custo, e sim um investimento estratégico que irá transformar os resultados da sua empresa.

Invista em qualidade; o momento de agir é agora!

BIBLIOGRAFIA

ASSOCIAÇÃO BRASILEIRA DE NORMAS TÉCNICAS. NBR ISO 9001:2015 — Sistemas de Gestão da Qualidade — Requisitos. Rio de Janeiro: ABNT, 2015.

ISO. Does ISO 9001 pay? — An analysis of 42 studies. *ISO News*, 2012. Disponível em: https://www.iso.org/news/2012/10/Ref1665.html. Acesso em: 10 fev. 2025.

KARTHA, C. P. An Empirical Investigation of the Impact of ISO 9001 Certification: A Comparative Study. *International Journal of Business & Management Studies*, v. 3, n. 2, p. 17-23, fev. 2022. Disponível em: https://ijbms.net/assets/files/1644686280.pdf. Acesso em: 11 fev. 2025.

MANDERS, B.; DE VRIES, H. J.; BLIND, K. The Relationship Between ISO 9001 and Financial Performance: A Meta-analysis. *ResearchGate*, 2013. Disponível em: https://www.researchgate.net/publication/276896907_The_Relationship_Between_ISO_9001_and_Financial_Performance_a_Meta-analysis. Acesso em: 10 fev. 2025.

Adriana Samara

“Empresas de sucesso têm um segredo: a excelência na qualidade entrega resultados, potencializa lucros e garante a liderança no mercado.”

Alessandra Durgante

Eu sou Alessandra Durgante, esposa do Mamelio e mãe de dois meninos, Pietro e Hector, e de uma menina, Lorena — todos lindos.

Sou empresária, consultora e mentora financeira e de gestão empresarial. Tenho uma empresa de educação no ramo de idiomas e música, na qual atuo desde 2006. Também já acumulei mais de setecentas horas em atendimentos de consultoria e mentoria de gestão financeira e empresarial.

Minha formação é em Música, com MBA em Administração, Finanças e Geração de Valor, além de ter concluído uma especialização em Educação Financeira.

Sou movida a chocolate e energia solar, e amo estudar e auxiliar as pessoas a transformarem o seu negócio com a ajuda do meu conhecimento e experiência. Estou feliz que você tenha tido acesso a este livro, que certamente o ajudará bastante na condução de seu negócio.

aledurgante

Ale Durgante Mentora

CÓDIGOS EMPRESARIAIS

2

FINANÇAS ESTRATÉGICAS: CONTROLE O FLUXO DE CAIXA

Por Alessandra Durgante

Lendo as informações sobre mim na página anterior, talvez você tenha pensado: "Tudo são flores na vida da Alessandra". Realmente, tenho infinitas coisas pelas quais agradecer, mas nem sempre eu reconheci isso. Passei por muitos "perrengues", daqueles bem cabeludos, e vou compartilhar alguns deles a seguir. Portanto, peço que você leia pensando sobre o seu contexto atual e tenha o seguinte questionamento em mente: "Como posso aplicar essa situação ou ensinamento no meu negócio atualmente?".

Trabalhei desde os 18 anos como professora de inglês, mas quando eu tinha 24 anos, o bichinho do empreendedorismo me picou e comecei a pensar seriamente em ter minha própria escola. Então, aos 28 anos surgiu a oportunidade de comprar uma escola de idiomas em uma cidade que eu nem conhecia direito, mas como o desejo de empreender era grande, analisei superficialmente a situação e fechei negócio. Pense em uma pessoa realizada.

Em janeiro de 2006, abri as portas da minha primeira escola de idiomas em uma cidade estranha, e com todo o conhecimento e experiência que adquiri nos dez anos anteriores, estava pronta para "arrebentar a boca do balão". Só que as coisas não saíram como eu esperava. Logo, eu comecei a ficar sem dormir, ter dores de cabeça e preocupações, porque o negócio estava apenas sobrevivendo e, às vezes, nem isso. Em alguns momentos, meu marido teve que usar o seu décimo terceiro para eu conseguir pagar os funcionários. Vira e mexe eu pegava empréstimos bancários para acertar rescisões, e a situação só piorava. Mas eu não me dei por vencida! Demiti todo mundo, coloquei meu filho mais velho para cuidar da recepção da escola e passei a ser a única professora, também assumindo o papel de vendedora, financeiro, faxineira etc. Durante dois anos eu fiquei nessa situação.

Mas o fato de eu trabalhar muito somente para pagar contas e não sobrar nada no final do ano, ter que limitar o convívio com meus filhos, não poder cuidar de mim com a prática de esportes que eu tanto gosto, e não tirar as férias que eu queria estava acabando comigo. Foi aí que virou uma chave na minha cabeça.

O que eu sabia até aquele momento não ia me ajudar a sair daquela situação. Então, comecei a estudar, ler, analisar minha situação sob uma outra ótica: a de empresária. Sim! Porque até aquele momento eu me comportava como funcionária da minha empresa, mas eu percebi que tinha que estar dentro da minha empresa com o olhar de gestora, e não como peça fundamental dos processos. Então, decidi sair do operacional e começar a me dedicar ao gerencial. Comecei a gerir meu negócio com uma visão empresarial e com estratégias que aplico até hoje. Resultado? Meu marido saiu da empresa em que trabalhava, chegamos a administrar quatro escolas em quatro cidades diferentes ao mesmo tempo, e hoje temos um centro de educação em um prédio próprio, que é referência na cidade. No último ano registramos um aumento no faturamento de 51%, o que caracteriza um crescimento bem acima da média.

Quer você já tenha um negócio funcionando ou esteja pensando em abrir um, existe uma área em especial que um gestor deve acompanhar de perto e a qual vou enfatizar neste capítulo: a área **financeira**. Mas fique tranquilo, porque vamos fazer isso de forma simples e agradável.

Certamente você abriu um negócio para gerar muito dinheiro, correto? E por que não está gerando ainda?

Lembra da minha situação no início da minha vida empreendedora? O que faltava? Isso mesmo, gestão. Eu estava tão imersa no operacional que a administração ficou totalmente de lado. Lembre-se: não existe sucesso duradouro sem gestão! Então, neste capítulo, eu vou ajudar você a não cometer os mesmos erros que eu.

Tudo o que você faz no seu negócio deve ter um objetivo principal: gerar lucro. Mas quanto de lucro? Para responder a essa pergunta, você precisa conhecer os números da sua empresa, e somente depois estabelecer a meta de lucro. Mas que números são esses? São os que compõem o seu fluxo de caixa.

- **Custos Fixos (CF):** são aqueles que, independentemente de como está o seu negócio, todos os meses você vai ter que pagar, como água, luz, telefone, aluguel etc.

- **Despesas Variáveis (DV):** são as despesas ligadas diretamente com o fluxo de vendas, ou seja, se houve a venda, você vai ter essa despesa; se não houver, a sua despesa é zero, como acontece com os impostos sobre as vendas, taxas de cartão, comissões etc.

- **Investimentos (I):** tudo que você paga esperando o retorno de aumento de faturamento ou lucro se enquadra em investimento, como despesas com o *marketing*, feiras, melhorias na fachada ou em embalagens etc.
- **Entradas e Saídas Não Operacionais (ENO e SNO):** são todas aquelas entradas ou saídas de dinheiro que normalmente não fazem parte da sua operação, como o dinheiro da venda de uma máquina, entrada de dinheiro de um empréstimo, pagamento das parcelas desse empréstimo etc.

Com esses números corretamente registrados, você vai encontrar alguns indicadores que o ajudarão a conhecer a saúde financeira do seu negócio e, consequentemente, terá um melhor embasamento para tomar decisões para aumento de lucro. Esses indicadores são:

- **Margem de Contribuição (MC):** mostra que margem você tem para pagar todos os custos fixos e gerar lucro.
- **Lucro Operacional Antes dos Investimentos (LOAI):** valor que mostra quanto você pode investir no crescimento da empresa e ainda gerar lucro.
- **Lucro Operacional (LO):** esse já pode ser o Resultado Líquido se a sua empresa não tiver Entradas e Saídas Não Operacionais.
- **Resultado Líquido (RL):** esse resultado mostra a realidade financeira do seu negócio; se for negativo, você está tendo prejuízo.
- **Ponto de Equilíbrio Contábil (PEC):** indica quanto a empresa deve faturar para pagar todos os custos, ou seja, ficar no zero a zero.
- **Ponto de Equilíbrio Econômico (PEE):** esse indica quanto a empresa deve faturar para pagar todos os custos e gerar o lucro desejado.

Mas calma lá! Não precisa parar de ler o capítulo por causa dessas nomenclaturas ou por achar que os cálculos são muito difíceis. Se tem algo que não gosto ou ensino são estratégias complexas.

Primeiramente, você precisa registrar diariamente o que entra e sai da empresa, cada centavo. A forma mais indicada para isso é um *software* de gestão empresarial eficiente ou uma boa planilha, pois essas ferramentas vão calcular os indicadores acima automaticamente para você, o que o caderninho não faz.

Mas digamos que você ainda não tenha uma dessas ferramentas, ou que a sua não faça um fluxo de caixa tão completo, vou mostrar aqui como você pode fazer o seu fluxo de caixa ficar redondinho de forma simples. Vamos à prática!

Imagine que Joana tenha um salão de beleza com a seguinte realidade:

- Faturamento = R$ 40 mil.
- Despesas Variáveis = R$ 20 mil.
- Custos Fixos = R$ 12 mil.
- Investimentos = R$ 1 mil.
- Entradas Não Operacionais = Zero.
- Saídas Não Operacionais = R$ 2 mil.

Conhecendo esses números, vamos encontrar os indicadores.

- Margem de Contribuição: F - DV = 40 - 20 = **R$ 20 mil** (50% do faturamento; uma boa margem).
- Lucro Operacional Antes dos Investimentos: MC - CF = 20 - 12 = **R$ 8 mil**.
- Lucro Operacional: LOAI - I = 8 - 1 = **R$ 7 mil**.
- Resultado Líquido: (LO + ENO) - SNO = (7 + 0) - 2 = **R$ 5 mil** (10% do faturamento).

Viu como é fácil? Notamos aqui que Joana tem um lucro real de R$ 5 mil por mês, ou seja, 10% de lucro mensal. Isso é bom ou é ruim? Geralmente, tomamos como base as seguintes margens de lucro:

- Indústria = 6% a 8%.
- Atacadista = 4% a 6%.
- Comércio = 10% a 15%.
- Serviço = 20% a 25%.

Aqui percebemos que Joana encerra o mês com lucro; porém, como ela vende um serviço, a sua margem poderia ser bem melhor.

Mas como você pode melhorar essa margem se o seu negócio estiver com um resultado semelhante, ou até pior?

Reduza custos fixos. Tente negociar valores de aluguel, telefone, contador etc. para reduzir os custos, ou então troque de fornecedor. Dá um trabalhinho, toma um pouco de tempo, mas você consegue excelentes resultados na maioria das vezes.

Reduza despesas variáveis. Negocie com os seus fornecedores prazos que permitam que você pague após ter recebido do seu cliente; veja se consegue diminuir os valores ou trocar a operadora de cartão que você usa por uma com taxas menores.

Quando o assunto é **redução**, gosto de trabalhar com a técnica **SER** (**substituir**, **eliminar** ou **reduzir**). Analise quais despesas você consegue substituir por outras com os mesmos benefícios, mas com menores preços; veja quais você consegue eliminar sem comprometer a sua operação e quais despesas você consegue reduzir porque não tem necessidade do pacote completo.

Aumente as vendas. Elabore e coloque em prática campanhas que atraiam clientes novos ou façam os antigos comprarem mais. E não estou falando de baixar preços ou oferecer descontos, mas agregar valor fazendo colabs com outras empresas, melhorar a entrega ou condições de pagamento, criar combos etc.

Aumente os preços. Se você acredita que o seu produto/serviço não vale um aumento, provavelmente esteja na hora de repensar a forma de entregar o que você vende. Analise o seguinte pensamento: percepção é realidade. O valor do seu produto percebido pelo cliente significa quanto pagaria por ele. Será que o seu cliente vê valor no que você vende? Se você não tem certeza, faça uma pesquisa pessoal ou on-line para saber a opinião dos consumidores em relação ao seu negócio.

Quando o assunto é **aumento**, o interessante é conhecer o seu público-alvo e saber se eles pagariam mais pelo seu produto.

Como você pode ver, um fluxo de caixa bem-feito é o que faz o coração do seu negócio continuar batendo.

No livro *Empresas feitas para vencer*, Jim Collins fala que "o bom é inimigo do ótimo" (COLLINS, 2013, p. 12). Por isso, ande uma milha a mais, ou seja, vá além do óbvio, inove, aperfeiçoe, faça com que o seu negócio transforme positivamente a vida das pessoas, incluindo a sua.

Então, você está pronto para colocar esses ensinamentos em prática? Agora, compartilhe lá no *direct* das minhas redes socais os seus desafios e sucessos de gestão, começando com a palavra planilha, que eu vou lhe dar de presente a planilha de fluxo de caixa que uso com os meus alunos.

Vejo você lá!

BIBLIOGRAFIA

COLLINS, J. *Empresas feitas para vencer.* São Paulo: Alta Books, 2013.

Alessandra Durgante

“Não existe sucesso duradouro sem gestão!”

Alice Dal Farra

Sou natural de Campo Grande/MS, casada com Bruno Dal Farra e mãe de três filhos americanos — John, Isabelle e Valentina. Minha jornada nos EUA começou em 2001, passando por inúmeros aprendizados. Sou especialista em expansão de negócios para os EUA, com formação em Comunicação e pós-graduação em Direito Imigratório Internacional. Desenvolvo estratégias de imigração e posicionamento de marcas, ajudando empresas e profissionais a conquistarem espaço no mercado americano. Estruturo *business plans* para pedidos de vistos, provando ao governo que o projeto apresentado é de interesse dos EUA. Além disso, identifico oportunidades de investimento e estratégias de crescimento para negócios locais. Minha missão é transformar talentos e empresas em referências nos EUA.

alicedalfarra
+1 (561) 929-9933
alice@bravorausa.com

CÓDIGOS
EMPRESARIAIS

NEGÓCIOS GLOBAIS: EXPANDINDO PARA O MERCADO AMERICANO

3

Por Alice Dal Farra

O Brasil é um país de imenso potencial com empreendedores talentosos, mas a realidade do mercado muitas vezes impede o crescimento dos negócios. A burocracia, a carga tributária excessiva e a insegurança jurídica são barreiras que desestimulam quem deseja inovar e escalar suas operações. Além disso, a instabilidade econômica e política torna arriscado investir e expandir dentro do país.

Agora imagine um ambiente onde as regras são claras, a economia é estável e o consumo é incentivado. Um mercado que valoriza inovação, eficiência e excelência operacional. Esse lugar existe, e ele se chama Estados Unidos. Expandir para os EUA não é apenas um movimento comercial, mas uma mudança estratégica que pode transformar completamente a trajetória de um negócio.

Nos EUA, escalar um negócio não é um sonho distante — é uma realidade acessível para quem está preparado. O país oferece previsibilidade econômica, segurança jurídica e um ambiente de negócios desenhado para o crescimento sustentável. Diferentemente do Brasil, onde a burocracia trava empreendedores, nos EUA o sistema incentiva a prosperidade de quem tem um projeto sólido e bem estruturado.

Com mais de uma década de experiência, vivendo e atuando no mercado americano, acompanhei de perto as mudanças, tendências e desafios que os empreendedores enfrentam ao expandir seus negócios. Entender as regras, adaptar-se à cultura empresarial americana e apresentar um projeto que tenha relevância para o país são fatores essenciais para o sucesso.

O que o mercado americano valoriza?

O erro mais comum dos empresários que desejam expandir para os EUA é não entender o que o mercado americano realmente valoriza. Aqui, empresas de sucesso não são apenas aquelas que oferecem um bom serviço, mas sim as que têm operações bem estruturadas, processos replicáveis e um posicionamento estratégico forte.

Os americanos valorizam especialização, eficiência e experiência do cliente. Modelos de negócios bem-organizados, como franquias e empresas com padrões operacionais definidos, tendem a prosperar rapidamente. Empresas que entregam valor real ao consumidor, seja através de inovação, atendimento de alto nível ou soluções escaláveis, ganham destaque.

Outro ponto essencial é a cultura empresarial americana, que prioriza resultados, competitividade e inovação constante. Ao contrário do Brasil, onde muitas decisões de compra são influenciadas por emoções e relações interpessoais, nos EUA o foco está na previsibilidade, entrega rápida e confiabilidade.

Os consumidores americanos esperam respostas ágeis, serviços eficientes e processos bem definidos. Empresas que não acompanham essa dinâmica ou não investem em *customer experience* acabam perdendo espaço rapidamente. Esse é um dos códigos essenciais para a expansão bem-sucedida nos EUA: compreender e respeitar a mentalidade do consumidor americano.

Expandir para os EUA exige entender e aplicar esses princípios. Ao longo dos anos, assessorei diversas empresas e profissionais na adaptação ao mercado americano, ajudando a estruturar negócios e demonstrar seu impacto dentro dos critérios exigidos pelo governo e pelo próprio consumidor.

Outro fator crucial que muitos ignoram é o processo imigratório. Expandir negócios para os EUA não significa apenas vender para o mercado americano; para muitos, significa viver, trabalhar e construir um futuro no país. A escolha correta do visto é fundamental para garantir a permanência legal do empresário e sua família, além de permitir a expansão adequada do negócio.

Barreiras e oportunidades na expansão

Empresas que não se preparam adequadamente enfrentam desafios significativos. Sem um modelo de operação claro e escalável, é difícil competir com negócios que já estejam consolidados.

Outro fator crítico é a adaptação ao perfil de consumo americano. O consumidor nos EUA não apenas busca qualidade, mas exige previsibilidade e confiabilidade. Negócios que não investem em estrutura operacional e *customer experience* acabam perdendo espaço rapidamente.

Outro aspecto essencial para o sucesso nos EUA é a compreensão da dinâmica empresarial americana e a adaptação à cultura corporativa do país. Embora no Brasil o relacionamento interpessoal muitas vezes seja um fator decisivo para fechar negócios, nos EUA o foco está em objetividade, clareza e entrega de resultados. As empresas americanas valorizam eficiência, planejamento estratégico e a capacidade de inovação, e esperam o mesmo de seus parceiros comerciais. Além disso, o *networking* desempenha um papel fundamental, mas ele precisa ser estruturado dentro de um ambiente profissional, com trocas de valor e posicionamento estratégico. Negociar nos EUA exige que o empresário demonstre segurança, *expertise* e um modelo de negócios escalável. Muitos negócios brasileiros falham não por falta de qualidade, mas por não conseguirem comunicar seu diferencial de forma clara e objetiva, algo essencial para conquistar investidores, parceiros e clientes americanos. Empresas estrangeiras que estudam e adotam as práticas de negócios bem-sucedidas nos EUA têm maiores chances de escalar rapidamente e se consolidar no mercado.

Um dos equívocos mais comuns é acreditar que o mesmo modelo de negócio que funciona no Brasil terá sucesso imediato nos EUA sem adaptações. O mercado americano tem regras claras e requer que as empresas estejam preparadas para atender às expectativas de um público exigente e altamente competitivo. Outro erro frequente é subestimar a importância do posicionamento digital. Nos EUA, uma empresa sem presença digital bem estruturada praticamente não existe para o consumidor. Diferentemente do Brasil, onde o *marketing* "boca a boca" ainda tem um impacto considerável, o consumidor americano busca informações, avaliações e provas sociais antes de tomar qualquer decisão de compra ou contratação de serviços. Empresas que chegam aos EUA sem investir em *branding*, autoridade e uma comunicação digital estratégica tendem a encontrar mais dificuldades para conquistar clientes e se estabelecer no mercado.

Outro receio comum entre empresários e profissionais que desejam expandir para os EUA é a barreira do idioma. Muitos acreditam que não falar inglês fluentemente pode ser um grande obstáculo, mas, na realidade, essa pode ser uma oportunidade estratégica. O mercado americano valoriza a diversidade e a geração de empregos, e empreendedores que chegam ao país podem contratar profissionais qualificados que falam inglês para atuar na linha de frente do negócio. Além disso, os Estados Unidos têm uma das maiores comunidades latinas do mundo, com estados como Flórida, Califórnia e Texas, onde o espanhol e até mesmo o português são amplamente falados. O público latino é um dos que mais consome e valoriza empresas que entendam suas necessidades culturais e falem seu idioma. Portanto, não falar inglês pode abrir portas para atender um nicho em crescimento, gerar impacto positivo e posicionar um negócio de forma diferenciada. O mais importante é ter um modelo de negócios sólido e a disposição para construir um time qualificado que fortaleça a operação nos EUA.

Para aqueles que desejam morar nos EUA, a falta de conhecimento sobre as diversas possibilidades de vistos pode ser um grande obstáculo. Muitos acreditam que apenas investimentos milionários, como o EB-5, são caminhos viáveis, quando na realidade existem opções mais acessíveis e estratégicas.

- O visto E-2 permite que empreendedores operem um negócio nos EUA com um investimento menor, desde que sejam cidadãos de países com tratados comerciais com os norte-americanos.
- O L-1 possibilita a transferência de executivos e empresários que já tenham empresas no Brasil e desejem expandir sua operação para o território americano.
- Já profissionais altamente qualificados podem se beneficiar do EB-2 NIW, que concede o *green card* sem a necessidade de um empregador nos EUA, desde que o candidato comprove que seu projeto tenha relevância para o país.

Independentemente do caminho escolhido, o fator decisivo de qualquer processo imigratório é o projeto que será apresentado. O governo americano não analisa apenas o perfil do investidor ou profissional, mas o impacto que ele pode gerar no país. Se o projeto atende aos interesses dos EUA — seja por gerar empregos, trazer inovação ou agregar valor a um setor estratégico —, as chances de aprovação aumentam consideravelmente.

Durante minha trajetória nos Estados Unidos, desenvolvi estratégias para estruturar projetos que atendam a essas exigências, combinando *expertise* em negócios e conhecimento sobre os processos imigratórios, garantindo que empresários e profissionais possam expandir com segurança e sucesso.

Um novo caminho para o sucesso

Os EUA continuam sendo o melhor mercado do mundo para empreendedores que buscam segurança, previsibilidade e alto potencial de crescimento. Ao contrário do Brasil, no qual as dificuldades burocráticas, fiscais e econômicas limitam o desenvolvimento dos negócios, nos EUA as regras são claras e a economia incentiva a prosperidade de quem está preparado para crescer.

Escalar um negócio nos EUA não é um sonho distante — é uma realidade acessível para quem se planeja estrategicamente. O mercado americano valoriza negócios bem estruturados, que entreguem valor real e que compreendam as dinâmicas desse ambiente altamente competitivo.

Para quem deseja empreender com liberdade, previsibilidade e segurança, investindo em um mercado que ofereça estabilidade econômica e incentivos reais para empresas, a fim de transformar seu negócio em uma referência global, os Estados Unidos são o destino certo.

Quem se prepara, se posiciona e compreende os caminhos corretos encontra no mercado americano o ambiente perfeito para crescer e prosperar.

O próximo passo está nas suas mãos.

Alice Dal Farra

"Expandir para os EUA é investir em um futuro seguro e previsível, com oportunidades reais de crescimento e escala."

Ana Parras

Eu me chamo Ana Parras. Originária da Argentina, sou uma mulher apaixonada por ajudar pessoas a se sentirem mais confiantes e bonitas. Como mãe e empreendedora, entendo a importância da autoestima.

Sou esteticista, especialista em micropigmentação em geral e harmonização facial, com anos de experiência e certificações internacionais que me permitem oferecer as melhores técnicas para realçar a beleza natural. Além disso, sou embaixadora do PMU Prime Brasil – um reconhecimento que reforça meu compromisso com a excelência e a inovação no setor.

Minha missão é transformar vidas por meio da micropigmentação, proporcionando resultados sofisticados e naturais. Também compartilho meu conhecimento com outras pessoas, ajudando-as a crescer profissionalmente e alcançar sua independência financeira.

anaparras.estetica
+54 9 362 456-3295
Ana Parras

CÓDIGOS
EMPRESARIAIS

4 SUCESSO NA BELEZA: CLIENTES, FINANÇAS E CRESCIMENTO

Por Ana Parras

Mindset empresarial na indústria da beleza

O sucesso na indústria da beleza não depende apenas de talento técnico ou conhecimento do produto. A diferença entre aqueles que alcançam um crescimento sustentável e aqueles que estagnam está em sua mentalidade empresarial. Adotar uma visão estratégica, compreender o valor do tempo e aprender a tomar decisões inteligentes são fatores fundamentais para transformar um negócio e levá-lo ao próximo nível.

Neste capítulo, exploraremos os fundamentos de uma forte mentalidade empresarial e como aplicá-los imediatamente ao seu negócio de beleza.

<u>Concentre-se no crescimento, não apenas no trabalho diário</u>

Muitos profissionais da beleza concentram-se exclusivamente em servir os clientes e aprimorar suas habilidades técnicas, mas esquecem que um negócio de sucesso exige uma visão de crescimento. Não se trata apenas de trabalhar mais, mas de trabalhar estrategicamente.

Estratégia-chave: gaste tempo construindo seu negócio.

- Reserve pelo menos um dia por semana para focar em estratégias de crescimento, como: *marketing*, novas oportunidades, parcerias e educação.
- Pense em maneiras de escalar seu negócio (produtos próprios, cursos, franquias, redes sociais etc.).
- Cerque-se de pessoas que incentivem você a crescer, como mentores ou empreendedores do setor.

Pergunta para ponderar: quanto tempo por semana gasto expandindo meu negócio em vez de apenas atender clientes?

Aprenda a administrar o dinheiro como um empresário

Muitos negócios de beleza falham não por falta de talento, mas por má gestão financeira. Ter uma mentalidade empresarial significa saber administrar o dinheiro, investir estrategicamente e evitar erros comuns.

Estratégia-chave: controle seu fluxo de caixa e evite gastos sem planejamento

- Mantenha um registro detalhado de receitas e despesas.
- Separe suas finanças pessoais e empresariais.
- Defina preços estratégicos considerando custos, margem de lucro e valor percebido.
- Economize e invista em ferramentas ou treinamentos que ajudem você a crescer.

Pergunta para ponderar: estou administrando minhas finanças como um empresário ou um *freelancer*?

Desenvolva uma mentalidade de solução, não uma mentalidade de problema

Toda empresa enfrenta desafios: clientes difíceis, concorrência, mudanças no mercado. A diferença entre um empreendedor de sucesso e aquele que desiste é a forma como abordam os desafios.

Estratégia-chave: foco em soluções e oportunidades.

- Quando surgir um problema, em vez de reclamar, pergunte-se: "Qual a melhor forma de resolver isso?".
- Se a concorrência crescer, ao invés de se preocupar, analise o que você pode fazer de diferente ou melhor.
- Desenvolva a capacidade de se adaptar às mudanças e tomar decisões rápidas.

Pergunta para ponderar: Como reajo quando enfrento um problema no meu negócio? Procuro soluções ou fico preso na reclamação?

O poder da educação continuada

Empreendedores de sucesso nunca param de aprender. A indústria da beleza está em constante mudança e quem se atualiza e busca inovar estará sempre um passo à frente.

Estratégia-chave: faça do aprendizado um hábito.

- Participe de treinamentos, eventos e cursos para se manter atualizado.
- Siga mentores e especialistas em negócios e beleza.

- Invista no seu crescimento pessoal e profissional constantemente.

Pergunta para ponderar: O que estou fazendo para melhorar meus conhecimentos e habilidades a cada mês?

Ter uma mentalidade empreendedora significa assumir o controle do seu negócio e focar o crescimento estratégico. Não basta ser um excelente profissional de beleza, é preciso pensar e agir como um verdadeiro empresário.

Exercício final: escreva três ações concretas que você aplicará nesta semana para fortalecer sua mentalidade empresarial.

Prospecção inteligente: como atrair e manter clientes rentáveis

A prospecção é a base de qualquer negócio de sucesso, principalmente no setor da beleza, onde a concorrência é acirrada e as expectativas dos clientes são cada vez maiores. A chave não é apenas atrair clientes, mas atrair os clientes certos: aqueles que não comprarão apenas uma vez, mas que voltarão sempre e se tornarão defensores da sua marca. Esta seção tem o intuito de guiá-lo através das estratégias de prospecção mais eficazes e ensiná-lo a identificar, atrair e manter os clientes mais lucrativos para o seu negócio.

Conheça o seu cliente ideal

Antes de sair em busca de clientes, você deve conhecer a fundo quem é o cliente ideal para o seu negócio. No setor da beleza, não se trata apenas de atrair qualquer pessoa, mas sim aqueles que **valorizem o que você oferece**, que estejam dispostos a investir em seus produtos ou serviços e que tenham potencial para se tornarem clientes fiéis.

- **Analise seus clientes atuais:** quem são eles? O que os motiva a escolher o seu negócio?
- **Crie perfis detalhados:** defina características demográficas, comportamentos de compra e valores pessoais que se alinhem com a sua proposta.
- **Use ferramentas de análise:** redes sociais e plataformas podem ajudá-lo a entender melhor as preferências de seus clientes potenciais.

Esse conhecimento permitirá que você construa uma oferta mais focada e estratégias de *marketing* que atendam diretamente às necessidades do seu público.

Estratégias eficazes de atração

Atrair clientes lucrativos não significa apenas esperar que eles venham até você; é necessário agir. Algumas estratégias eficazes incluem:

- ***marketing* digital personalizado:** criar conteúdo visual que mostre seus produtos, resultados e depoimentos de clientes satisfeitos pode ajudá-lo a captar a atenção do seu público-alvo.
- **"boca a boca" e referências:** clientes satisfeitos são sua melhor ferramenta de recrutamento. Implemente programas de indicação, oferecendo descontos ou produtos gratuitos para quem traz novos clientes.
- **ofereça uma proposta de valor única:** o que o diferencia da concorrência? Se você não sabe, seus clientes em potencial também não saberão. Estabeleça uma proposta clara que destaque os benefícios exclusivos que você oferece.

Fidelização e recompra: como criar clientes fiéis

A próxima etapa é convertê-los em compradores recorrentes. A fidelidade é muito mais barata do que a aquisição e pode ter um impacto significativo na sua renda. Algumas táticas principais incluem:

- **programas de recompensas:** ofereça incentivos para quem comprar novamente ou recomendar seu negócio. Pode ser qualquer item, desde descontos até produtos exclusivos.
- **comunicação constante:** mantenha seus clientes engajados com sua marca através de e-mails personalizados, promoções exclusivas e conteúdos relevantes.
- **atendimento ao cliente de qualidade:** a experiência de compra deve ser excepcional em todos os pontos de contato. Desde a primeira saudação até o acompanhamento pós-compra, cada interação conta.

Erros comuns de prospecção

Até os empreendedores mais experientes cometem erros na hora de prospectar. Alguns dos mais comuns incluem:

- **campo de prospecção muito amplo:** nem todos serão seus clientes ideais. Se você tenta alcançar todos, acaba não se conectando com quem realmente importa.
- **saturar o cliente:** é fácil cair na tentação de bombardear clientes potenciais com mensagens de vendas constantes. Em vez disso, concentre-se em fornecer valor e construir um relacionamento.
- **ignorando o *feedback* do cliente:** a prospecção não é um processo estático. Você precisa prestar atenção aos sinais dos clientes sobre o que eles gostam e o que não gostam.

Ações imediatas para melhorar sua prospecção

Aqui estão algumas ações práticas para começar a implementar imediatamente:

- **defina seu cliente ideal:** reserve um tempo para criar perfis detalhados de seu cliente ideal.
- **revise sua estratégia de *marketing*:** certifique-se de que seus esforços de *marketing* estejam alinhados com o que seus clientes potenciais realmente valorizam.
- **crie um plano de fidelidade:** se você ainda não tem um programa de recompensas ou rastreamento, comece hoje mesmo!
- **acompanhamento contínuo:** certifique-se de estar em contato constante com seus clientes e potenciais clientes. Um simples lembrete ou uma mensagem personalizada podem fazer maravilhas.

Agora, você

Imagine um negócio que não apenas ofereça produtos ou serviços, mas **transforme a vida de cada cliente**; uma empresa que entenda as suas necessidades antes que eles próprios as reconheçam, que antecipe os seus desejos e lhes ofereça soluções personalizadas em cada interação. Essa não é uma visão distante ou um sonho inatingível, e sim uma realidade ao alcance de quem decide evoluir, adaptar-se e focar no que realmente importa: a experiência do cliente. Se você atingir esse nível de conexão, não só conquistará a fidelização deles, mas transformará seu negócio em uma referência no mercado, em que cada cliente se torna seu melhor embaixador.

Sou embaixadora da PMU (micropigmentação permanente) e, com muita paixão, me dedico a treinar e ensinar quem quer começar nesse mundo maravilhoso. Minha missão não é apenas oferecer a você conhecimento técnico, mas lhe proporcionar uma oportunidade real de crescimento. Cada pessoa que confia em mim para aprender sobre micropigmentação recebe mais que uma aula; recebe meu comprometimento e apoio vitalício constantes. Desde o primeiro dia, acompanho-os em sua jornada, orientando-os em cada etapa, respondendo suas dúvidas e comemorando suas conquistas. Não só os apresento ao mundo da micropigmentação, mas os capacito a se tornarem especialistas, com a garantia de que não os deixarei sozinhos em nenhum momento. Meu objetivo é garantir que cada um possa criar uma carreira sólida, de sucesso e cheia de oportunidades nesse fascinante setor.

Ana Parras

“O sucesso vai além do que você conquista; é sobre quantas vidas você inspira. Faça da sua paixão um propósito e do seu negócio uma transformação.”

Bárbara Silveira

Sou Bárbara Silveira, especialista em gestão e desenvolvimento de líderes. Minha trajetória foi construída a partir de desafios e conquistas que fortaleceram minhas crenças, valores e propósito. Hoje, transformo gestores e lideranças, impulsionando negócios a serem mais objetivos e estratégicos, com equipes que atuam com independência. À frente da BS Mentoria Empresarial, utilizo minha experiência como diretora industrial para converter desafios em oportunidades. Registrada no Conselho Regional de Administração de Minas Gerais, possuo MBAs em Gestão Empresarial e em Neurociência, Comunicação e Desenvolvimento Humano, além de reconhecimento pelo Empretec da ONU, com prêmios em Ecoinovação e Empreendedorismo. Meu compromisso é com soluções inovadoras que gerem impacto real e deixem um legado inspirador para minha filha.

barbarasilveira_
Bárbara Silveira
bs.mentoriaempresarial@gmail.com

CÓDIGOS EMPRESARIAIS

5

COMUNICAÇÃO EFICAZ NO MUNDO CORPORATIVO

Por Bárbara Silveira

Você sabia que a comunicação eficaz afeta todo o fluxograma da sua empresa? Ela é a base para negócios bem-sucedidos e pode diferenciar o trabalho duro do simples e eficiente. Se você está cansado(a), ansioso(a) por não estar conseguindo reter clientes, negociar com fornecedores ou abordar seus funcionários, este capítulo pode ser uma bússola para transformar seu negócio e destravá-lo de vez.

Certa vez, tive receio de participar de uma reunião com o diretor de uma grande montadora automobilística. O medo surgia da possibilidade de perder o contrato de produção vigente, já que a capacidade produtiva da minha fábrica não atendia à nova demanda desse cliente. Esse fato foi um divisor de águas na forma como passei a enxergar a comunicação. Percebi que precisamos trabalhar de forma eficiente, resguardando-nos a todo momento. O que faltava, naquela época, era um contrato bem estruturado que me protegesse de possíveis prejuízos e, ao mesmo tempo, garantisse os interesses do cliente. Como não havia um documento claro determinando direitos e deveres, eu estava no escuro, à mercê de um gigante corporativo. Se a contratação fosse encerrada, meu negócio enfrentaria uma falência iminente. A conclusão? Trabalhei duro e exaustivamente, mas se tivesse as ferramentas certas, teria trabalhado de maneira mais simples e eficiente.

Quando falamos em comunicação eficaz no mundo corporativo, não estamos tratando apenas de expressar ideias em palavras. Envolve um conjunto de códigos indispensáveis para atrair, reter e assegurar a sustentabilidade do negócio.

Vou abordar neste capítulo vários pontos-chaves dentro da comunicação.

Comunicação eficaz em negociações

A **autoimagem** também é muito importante e vai além da sua percepção; é também a percepção do outro em relação a você. É aquela intenção de chegar em um lugar e comunicar através de sua presença, postura e olhar. Essas características comunicam antes de você, e essa primeira impressão é muito importante para credibilizar toda tratativa posterior. Se essa comunicação não for presencial, atente-se a sua voz; sua **voz** comunica poder, autoridade, conhecimento. O medo sinaliza para uma voz baixa, traz insegurança e incredulidade de sua capacidade.

Ao entrar em negociações, simule cenários negativos e tenha alternativas prontas. Estabeleça um limite máximo para ceder em situações adversas, para que não prejudique seu negócio; nem tudo que reluz é ouro. Trabalhar dentro das suas possibilidades evita desgastes para ambas as partes e quebra de confiança. Seja sempre transparente com a outra parte, isso demonstra empatia e cria um ambiente de respeito.

Além disso, não deixe as pessoas sem resposta ou esperando por muito tempo. Isso pode ser interpretado como desinteresse e prejudicar a relação. Mesmo diante de uma situação desafiadora ou de uma resposta negativa, diga que vai analisar ou tentar encontrar uma solução. Evite dar um "não" imediato, pois isso pode fechar portas e dificultar a construção de confiança e empatia.

Esteja sempre atento às expressões corporais do receptor; de maneira inconsciente, ele pode expressar uma comunicação não verbal através de gestos, postura, movimentos e expressões faciais que podem refletir emoções, intenções e estados mentais. A cinésica é o estudo que explica essas comunicações corporais, e é muito usada em áreas como psicologia, neurociência, educação, *marketing* e investigação criminal.

<u>Postura corporal</u>

- **Postura ereta com ombros para trás:** indica confiança, segurança e autoridade.
- **Postura encurvada com ombros caídos:** pode demonstrar insegurança, desânimo ou submissão.

<u>Gestos com as mãos</u>

- **Braços cruzados no peito:** frequentemente interpretado como defesa, resistência ou desconforto.
- **Palmas abertas voltadas para cima:** sugere sinceridade, abertura e disposição para dialogar.

<u>Expressões faciais</u>

- **Sorriso verdadeiro (envolvendo os músculos ao redor dos olhos):** denota felicidade genuína e acolhimento.
- **Sobrancelhas levantadas e olhos arregalados:** sinal de surpresa ou alerta.

Movimentos dos pés

- **Pés apontados para a porta ou a saída:** pode revelar desconforto ou desejo de encerrar a interação.
- **Movimento constante dos pés (ex., batendo no chão):** indica ansiedade ou impaciência.

Contato visual

- **Olhar direto, mas não fixo:** transmite confiança e interesse.
- **Desvio constante do olhar:** pode ser interpretado como insegurança ou desconforto.
- **Olhar fixo e intencional:** ao contrário do que se acredita, evitar o contato visual nem sempre indica mentira. Algumas pessoas podem, ao mentir, sustentar um olhar fixo para parecerem mais convincentes.

Ao final de uma negociação, registre o que foi acordado e peça que ambas as partes assinem. Documentos têm valor jurídico e podem ser usados como títulos executivos extrajudiciais, conforme o artigo 784 do Código de Processo Civil.

Na comunicação, você deve expressar suas ideias de maneira clara, mas sem ser grosseiro(a). Pessoas que se sentem respeitadas criam vínculos emocionais com você, reconhecem sua autoridade e reciprocamente o(a) respeitam. A comunicação não violenta (CNV), desenvolvida por Marshall Rosenberg, já é estudada pela neurociência e demonstra benefícios para o emissor e o receptor, tanto em termos cerebrais quanto emocionais, promovendo empatia, conexão e entendimento mútuo.

Benefícios para o emissor

- **Regulação emocional:** a prática da CNV ativa o córtex pré-frontal, responsável pelo autocontrole e pela tomada de decisões racionais, reduzindo reações impulsivas geradas pela amígdala (ligada ao medo e à agressividade).
- **Redução do estresse:** o foco em expressar sentimentos e necessidades de forma clara diminui a liberação de cortisol (hormônio do estresse), favorecendo estados mais calmos e conscientes.
- **Empoderamento e autoconfiança:** ao identificar e comunicar suas necessidades de maneira assertiva, o emissor fortalece sua capacidade de resolver conflitos e se sente mais seguro em interações.
- **Melhora na neuroplasticidade:** o esforço em reformular padrões de comunicação estimula a criação de novas conexões neurais, favorecendo a flexibilidade cognitiva e emocional.

Benefícios para o receptor

- **Ativação da empatia:** ouvir mensagens sem julgamento e com foco em necessidades promove a ativação da ínsula e do córtex cingulado anterior, áreas associadas à empatia e à conexão emocional.
- **Diminuição da reatividade:** receber uma comunicação gentil diminui a atividade da amígdala, prevenindo reações defensivas e facilitando o entendimento e a cooperação.
- **Aumento de dopamina e oxitocina:** a CNV cria um ambiente de acolhimento e aceitação, liberando hormônios ligados ao bem-estar e à confiança, promovendo sentimentos de segurança e felicidade.
- **Redução de conflitos:** quando se sente compreendido, o receptor tende a reagir de maneira mais colaborativa, reduzindo tensões e possibilitando soluções mais eficazes.

Benefícios mútuos

- **Fortalecimento de vínculos:** a CNV promove uma conexão mais profunda e autêntica, aumentando a sensação de pertencimento e harmonia.
- **Saúde mental:** reduz a ansiedade e o estresse em ambos os envolvidos, melhorando a saúde mental geral.
- **Resiliência neural:** a prática contínua da CNV fortalece o sistema nervoso, tornando-o mais adaptável frente a situações desafiadoras.

No geral, a CNV transforma não só a maneira de se comunicar, mas também a estrutura e as funções cerebrais, promovendo relações mais saudáveis e conscientes.

Comunicação eficaz com colaboradores

É importante a consciência de que existem diferentes tipos de aprendizagem e cada pessoa tem sua individualidade. Em reuniões com colaboradores, é muito importante abordar todos os tipos, que são:

- **Visual:** pessoas que aprendem melhor por meio de gráficos, diagramas, imagens e mapas.
- **Auditivo:** pessoas que compreendem melhor informações quando as escutam, como palestras, discussões e explicações orais.
- **Leitura:** pessoas que preferem aprender por meio de leitura de textos ou escrita de anotações.
- **Cinestésico:** pessoas que aprendem melhor por meio da prática, do toque e da experiência.

Certa vez, enfrentei dificuldades com colaboradores que não valorizavam as horas extras. Ao investigar, descobri que eles não entendiam o valor monetário envolvido. Organizei uma reunião para explicar a todos, considerando os diferentes estilos de aprendizado. O resultado? No dia seguinte, houve até disputa para fazer horas extras! Tive que implementar uma escala.

Comunicação e expressão de crenças no ambiente empresarial

O ambiente empresarial é diverso, reunindo pessoas com crenças e valores distintos. Por isso, é essencial cultivar um clima organizacional baseado no respeito e na inclusão. A fé e o amor de Deus são preciosos, mas devem ser compartilhados com sensibilidade. O verdadeiro amor respeita, espera o momento certo e jamais impõe.

A expressão de crenças, se não for equilibrada, pode gerar desconforto ou até afastar aqueles que poderiam ser tocados por sua mensagem. Portanto, estabeleça limites claros e, ao contratar treinamentos ou palestras, certifique-se de que estejam alinhados à neutralidade e ao respeito. Compartilhar sua fé pode ser edificante, mas deve ocorrer de forma natural, quando houver abertura, necessidade genuína ou se o contexto da empresa for religioso.

Devemos buscar constantemente melhorar e nos adaptar de maneira positiva ao ambiente ao nosso redor. Felizmente, hoje existem diversas ferramentas para isso: cursos, palestras, vídeos e perfis inspiradores nas redes sociais. O desenvolvimento pessoal nunca é demais.

Estabeleça metas anuais de aprendizado, como a realização de novos cursos ou treinamentos, para se aperfeiçoar continuamente. O mais importante é estar sempre disposto a evoluir e se tornar a sua melhor versão.

Lembre-se: a comunicação é a chave para o sucesso, mas também pode ser a porta para o caos.

Para mais conteúdos sobre estratégias empresariais, desenvolvimento pessoal e comunicação, siga minhas redes sociais e acesse os canais disponíveis no perfil, deixe seu comentário e compartilhe sua experiência. Sua opinião é muito importante para mim e para quem está nessa jornada de crescimento. Vamos juntos transformar ideias em conexões poderosas!

BIBLIOGRAFIA

BRASIL. Lei nº 13.105, de 16 de março de 2015. *Código de Processo Civil*. Disponível em: https://www.planalto.gov.br/ccivil_03/_ato2015-2018/2015/lei/l13105.htm. Acesso em: 12 fev. 2025.

ROSENBERG, M. B. *Comunicação não violenta*: técnicas para aprimorar relacionamentos pessoais e profissionais. São Paulo: Ágora, 2021.

Bárbara Silveira

“Uma palavra dita sem intenção pode gerar caos; uma palavra dita com propósito cria conexões poderosas.”

Caroline Wendramin

Empreender é algo intenso e desafiador, mas também apaixonante. E essa paixão define muito sobre quem eu sou.

Prazer! Sou Caroline Wendramin, sou casada com André, meu maior apoiador, e mãe de Antonela e Bento, os maiores presentes que Deus me deu. Desde que me formei em Odontologia, em 2008, trilhei um caminho repleto de aprendizados e desafios.

Passei por diversas experiências profissionais, atuando tanto no setor público quanto em múltiplas clínicas próprias. Esse percurso me proporcionou um conhecimento amplo e sólido, que hoje aplico na gestão e expansão do meu negócio.

Atualmente, sou CEO da OCXO Franchising, uma marca que nasceu para transformar a odontologia e ajudar dentistas a prosperarem. Além disso, sou mentora e gestora de clínica, sempre em busca de novos aprendizados para impulsionar a expansão da marca em nível nacional.

Sou imensamente grata a Deus por tudo o que construí até aqui e pela oportunidade de compartilhar um pouco da minha trajetória com você.

dracarolinewendramin

+55 (45) 99136-2666

CÓDIGOS
EMPRESARIAIS

6

O PODER DA INTELIGÊNCIA EMOCIONAL NOS NEGÓCIOS

Por Caroline Wendramin

Liderar com o ambiente corporativo vai além de apenas delegar tarefas e controlar processos. Hoje, mais do que nunca, a liderança exige uma habilidade fundamental que muitos líderes ainda subestimam: a inteligência emocional. Se você está em uma posição de liderança, seja no alto escalão ou gerenciando uma equipe, entender e aplicar a inteligência emocional pode ser a chave para melhorar o desempenho da sua equipe, a satisfação no trabalho e, claro, os resultados da empresa.

Durante muitos anos, a liderança era vista principalmente sob a ótica da razão, da estratégia e do controle. Esperava-se que os líderes fossem racionais, sempre com respostas lógicas e objetivas para todos os problemas. Contudo, com o tempo, descobriu-se que a verdadeira eficácia de um líder está também nas suas emoções e na forma como ele as gerencia, além da forma como lida com as emoções da sua equipe. A inteligência emocional, portanto, tornou-se uma habilidade indispensável para qualquer líder que deseja ter sucesso no ambiente corporativo atual.

Definida como a capacidade de reconhecer, compreender e gerenciar as próprias emoções, assim como a capacidade de perceber, entender e influenciar as emoções das outras pessoas, a inteligência emocional contextualiza a liderança; isso significa que o líder precisa ter a habilidade de equilibrar as suas reações emocionais e usá-las de maneira positiva para lidar com os desafios do dia a dia.

Os cinco principais componentes dessa habilidade, descrito por Daniel Goleman, nos permitem entender mais a fundo como dominar essa emoção, de forma a levar o indivíduo a outro nível mental.

- **Autoconhecimento emocional:** a capacidade de reconhecer e entender as próprias emoções, os seus impactos e como elas afetam o comportamento.
- **Autocontrole emocional:** a habilidade de controlar impulsos e emoções perturbadoras, evitando que elas prejudiquem decisões importantes.
- **Motivação:** ser capaz de direcionar as emoções para alcançar objetivos e manter um alto nível de energia e compromisso com o trabalho.
- **Empatia:** a capacidade de perceber e compreender as emoções dos outros, o que é essencial para a comunicação eficaz e a construção de relacionamentos de confiança.
- **Habilidades sociais:** a habilidade de gerenciar relacionamentos de maneira eficaz, promovendo um ambiente colaborativo e construtivo.

Entendendo seus componentes, podemos agora utilizar a inteligência emocional de forma essencial, porque, em uma posição de liderança, as suas emoções podem influenciar não apenas a sua própria performance, mas também o desempenho da sua equipe e a dinâmica organizacional como um todo. Quando você, como líder, é capaz de gerenciar as suas próprias emoções de maneira eficaz e entender as emoções dos outros, você pode lidar melhor com desafios, tomar decisões mais acertadas e, o mais importante, cultivar um ambiente de trabalho saudável e produtivo. Sabendo disso, podemos aplicar a liderança emocional em nosso ambiente profissional e relacioná-la à vivência diária.

O autocontrole emocional é, sem dúvida, um dos principais fatores que afetam a tomada de decisões. Quando um líder é capaz de controlar as suas emoções, ele pode tomar decisões com mais clareza, sem ser impulsionado por frustrações ou ansiedades momentâneas. Isso é fundamental para que decisões difíceis, que envolvem mudanças ou situações de conflito, sejam tomadas de forma objetiva e estratégica.

Conflitos são inevitáveis em qualquer organização, mas é como o líder lida com esses conflitos que fará toda a diferença. A empatia, combinada com a habilidade de se comunicar de maneira assertiva, permite que você compreenda os diferentes pontos de vista dos membros da equipe e atue como mediador para resolver desentendimentos. Em vez de reagir de maneira defensiva ou emocional, o líder com alta inteligência emocional busca soluções que atendam aos interesses de todos, mantendo o foco na colaboração e no resultado positivo para a equipe e a empresa.

Quando um líder demonstra autoconsciência e motivação, ele inspira a sua equipe a fazer o mesmo. As emoções são contagiosas, e se você, como líder, for capaz de transmitir um sentimento de propósito, comprometimento e energia positiva, a sua equipe será mais propensa a se engajar com a missão e os objetivos da empresa. A motivação interna de um líder pode transformar desafios em oportunidades de crescimento, gerando um impacto positivo nos membros da equipe.

A empatia é, sem dúvida, uma das competências mais importantes para criar confiança e desenvolver relacionamentos dentro da equipe. Quando você é capaz de se colocar no lugar do outro e compreender suas preocupações, medos e necessidades, você cria um ambiente em que as pessoas se sintam valorizadas e respeitadas. Isso é crucial para o fortalecimento do espírito de equipe, pois as pessoas se sentem mais à vontade para compartilhar ideias, sugerir soluções e trabalhar juntas em um ambiente colaborativo.

Em um mundo corporativo cada vez mais volátil e imprevisível, a resiliência emocional se torna essencial para os líderes. Situações de crise exigem que você, como líder, mantenha a calma, inspire confiança e ajude a sua equipe a se manter focada, mesmo diante das adversidades. A inteligência emocional permite que você lide com a pressão de maneira eficaz, mantendo o controle das suas emoções e tomando decisões prudentes, mesmo sob estresse.

Mas, diante de tantos desafios, como manter o equilíbrio e desenvolver a inteligência emocional? Essa é uma pergunta que fiz a mim mesma durante muito tempo. Estudando muito, lendo bastante e aplicando o que aprendi, consigo ver hoje a importância da inteligência emocional na liderança, e posso garantir que saber como desenvolvê-la não se trata de um processo instantâneo, mas sim de um caminho contínuo de autodescoberta e aprimoramento. Aqui estão algumas práticas que podem ajudá-lo a aumentar a sua inteligência emocional como líder:

Pratique a autorreflexão: tire um tempo para refletir sobre as suas emoções e como elas afetam as suas ações e decisões. Pergunte a si mesmo: "Como me sinto diante desse desafio?" ou "Por que reagi de tal maneira a essa situação?". A prática da autorreflexão pode ajudá-lo a se tornar mais autoconsciente e a compreender melhor os seus próprios gatilhos emocionais. Ao longo do tempo, aprendi algo com uma pessoa muito especial para mim: quando você se deparar com algum desafio, pare, dê um passo para trás e analise a cena à distância; somente após isso, e algum tempo depois, tome a decisão. Isso com certeza elevará o seu nível emocional.

Desenvolva o autoconhecimento emocional: identifique as suas emoções com precisão. Ao perceber o que está sentindo em diferentes situações, você pode aprender a lidar melhor com essas emoções, em vez de ser controlado por elas. Algumas ferramentas, como diários emocionais, podem ser úteis para registrar as suas emoções ao longo do tempo.

Cultive o autocontrole: pratique técnicas de controle emocional, como a meditação ou a respiração profunda. Essas práticas ajudam a reduzir a impulsividade e a aumentar o foco, permitindo que você tome decisões mais equilibradas e racionais, mesmo em momentos de alta pressão.

Fortaleça a empatia: preste atenção no comportamento e nas emoções dos outros. Pergunte aos seus colegas e membros da equipe como estão se sentindo e esteja genuinamente interessado no que eles têm a dizer. A empatia também envolve escuta ativa, ou seja, ouvir sem interromper e sem julgar.

Comunique-se de maneira assertiva: a forma como você se comunica é essencial para o sucesso da sua liderança. Use a comunicação não violenta, buscando sempre ser claro, direto e respeitoso ao expressar suas necessidades e expectativas, mas também esteja aberto a ouvir as necessidades e preocupações dos outros.

Promova um ambiente emocionalmente seguro: encoraje sua equipe a expressar as suas emoções de maneira saudável e a compartilhar os seus desafios e preocupações. Isso cria um ambiente de confiança, onde as pessoas se sentem à vontade para colaborar, inovar e crescer.

Peça *feedback* e esteja disposto a evoluir: perguntar aos outros sobre o impacto das suas emoções e atitudes pode proporcionar *insights* valiosos sobre como melhorar a sua inteligência emocional. Esteja disposto a ouvir críticas construtivas e use-as como uma oportunidade de desenvolvimento pessoal e profissional.

A inteligência emocional não é uma habilidade inata, e sim uma competência que pode ser desenvolvida e aprimorada ao longo do tempo. Como líderes, precisamos entender que nossas emoções não são obstáculos ao sucesso, mas poderosas ferramentas para promover um ambiente de trabalho saudável e produtivo. Ao cultivar a inteligência emocional, você não apenas se torna um líder mais eficaz, mas também contribui para o crescimento e bem-estar da sua equipe e da organização como um todo.

É uma tarefa árdua para qualquer um de nós, e confesso que existem dificuldades diárias em desenvolver essa habilidade; porém, a cada dia, podemos ver e sentir uma evolução, e isso nos tornará inspiradores de forma natural — uma grande virtude dentro do ambiente empresarial, pois liderar não é um cargo, e sim um posicionamento. Quando entendemos isso, nos tornamos inspiração pelo que arde em nosso peito.

Portanto, se você deseja ser um líder mais completo e alcançar resultados duradouros, invista no desenvolvimento da sua inteligência emocional. Lembre-se: liderar com emoção não significa ser emocional, mas ser capaz de usar as suas emoções de maneira estratégica para criar um ambiente de confiança, motivação e colaboração.

BIBLIOGRAFIA

GOLEMAN, D. *Inteligência emocional*: a teoria revolucionária que redefine o que é ser inteligente. Rio de Janeiro: Objetiva, 1996.

Caroline Wendramin

“Liderar com inteligência emocional nos permite tomar decisões prudentes, mesmo estando sob pressão e estresse.”

Charlles Bolentini

Sou Charlles Bolentini, a imagem e semelhança de Deus, e amável pai de família. Empreendedor e administrador há mais de 25 anos na maior instituição financeira da América Latina (Banco do Brasil), com experiência em liderança, gestão de pessoas, negócios e processos com foco em resultados através da sustentabilidade ética e espiritual. Palestrante em diversas áreas como: gestão de pessoas, alta performance pessoal e profissional, inteligência emocional, finanças e liderança. Entendi, através do autoconhecimento que, além de crescer, é necessário contribuir. Por isso, meu propósito é ser canal de transformação na vida de pessoas e empresas, ajudando-as a encontrar suas melhores versões com estratégias e técnicas, sabendo que o ser humano, muito amado, é a essência de qualquer gestão empresarial.

charllesbolentini

CÓDIGOS
EMPRESARIAIS

7

ESPÍRITO E ÉTICA: CULTURA QUE TRANSCENDE O LUCRO

Por Charlles Bolentini

Em um mundo onde o lucro muitas vezes dita as regras, empresas estão descobrindo que números não sustentam legados. Escândalos corporativos, *burnout* generalizado, crises de ansiedade, pânico e uma desconexão crescente entre colaboradores e propósitos organizacionais revelam uma crise de valores. O que falta? Espiritualidade e ética — não como conceitos abstratos, mas como alicerces práticos para construir culturas empresariais resilientes, humanizadas e capazes de prosperar em meio à complexidade.

Este capítulo não é um manifesto utópico. É um chamado à ação para líderes e gestores que entendem que sustentabilidade empresarial começa com a integridade da alma organizacional. Prepare-se para explorar como empresas que abraçam princípios espirituais e éticos não apenas sobrevivem, mas se tornam faróis de inovação e confiança em um mercado caótico.

As empresas estão perdendo seu norte moral. A pressão por resultados imediatos gera decisões baseadas em ganância, não em valores morais, espirituais e éticos. Uma pesquisa divulgada pela Gartner aponta que apenas 41% dos funcionários acreditam que os líderes agem pensando no melhor para a equipe, em contraste com 69% dos executivos que compartilham dessa visão. Essa discrepância sugere uma possível falta de confiança dos colaboradores em suas lideranças.

E quais as consequências desses problemas?

- **Desengajamento:** funcionários desconectados do propósito produzem menos e inovam pouco.
- **Riscos reputacionais:** vazamentos de dados, processos trabalhistas e escândalos ambientais custam milhões e mancham marcas permanentemente.

- **Erosão da confiança:** clientes e investidores fogem de empresas vistas como oportunistas e exploradoras de pessoas.

Nesse contexto, a espiritualidade, entendida como uma conexão com valores humanos essenciais, como amor, compaixão e ética, pode ser uma ferramenta poderosa para transformar ambientes de trabalho tóxicos em espaços de crescimento, saúde e prosperidade. Espiritualidade no ambiente corporativo vai além do material. Ela não está necessariamente ligada a crenças religiosas, mas sim à busca por um propósito maior e à conexão com valores que transcendem o lucro imediato. Ela envolve reconhecer que as pessoas são seres integrais, com necessidades físicas, emocionais, mentais e espirituais. Quando uma empresa ignora essa multidimensionalidade, os colaboradores tendem a adoecer física e emocionalmente, resultando em absenteísmo, baixa produtividade e alta rotatividade.

Incorporar a espiritualidade na gestão significa criar um ambiente em que o amor e a ética sejam pilares fundamentais. O amor, aqui, não se refere a um sentimento romântico, mas à capacidade de se importar genuinamente com o bem-estar do outro. Já a ética está relacionada à justiça, ao respeito e à integridade nas relações interpessoais e nas decisões empresariais.

A espiritualidade, no sentido de amor no ambiente de trabalho, se manifesta por meio de ações concretas que demonstrem cuidado e respeito pelos colaboradores. Isso inclui:

- **escuta ativa:** criar espaços para que os funcionários expressem suas preocupações, dores e ideias sem medo de represálias. Um líder que pratica a escuta ativa demonstra que valoriza a voz de cada membro da equipe;
- **empatia:** colocar-se no lugar do outro, entendendo suas dificuldades e oferecendo suporte. Um colaborador que se sente compreendido tende a se engajar mais e a contribuir de forma significativa;
- **reconhecimento:** valorizar o esforço e as conquistas dos funcionários, celebrando suas contribuições. O reconhecimento gera motivação e fortalece o senso de pertencimento;
- **cuidado com a saúde:** oferecer programas de bem-estar, como terapia, *yoga*, meditação ou atividades físicas, que ajudem os colaboradores a cuidar da saúde física e mental.

A ética empresarial é fundamental para construir uma cultura organizacional saudável e sustentável. Empresas que priorizam a ética entendem que o lucro não deve ser obtido à custa do sofrimento humano. Algumas práticas éticas que podem transformar a gestão de pessoas incluem:

- **transparência:** comunicar de forma clara e honesta as decisões da empresa, especialmente em momentos de crise ou mudança. A transparência gera confiança e reduz a ansiedade dos colaboradores;
- **justiça:** garantir que todos sejam tratados com equidade, independentemente de cargo ou hierarquia. Isso inclui salários justos, oportunidades de crescimento e condições de trabalho dignas;
- **responsabilidade social:** assumir o compromisso de impactar positivamente a sociedade e o meio ambiente. Empresas que agem com responsabilidade social inspiram seus colaboradores e fortalecem sua reputação;
- **integridade:** agir de acordo com valores éticos, mesmo quando isso signifique abrir mão de ganhos imediatos. A integridade constrói uma cultura de confiança e respeito mútuo.

A ética não é um custo, mas um diferencial de mercado. Estudos do MIT Sloan mostram que empresas com culturas éticas sólidas têm 40% mais retenção de talentos e 20% mais lucratividade a longo prazo. Como aplicar uma cultura ética?

- **Transparência radical:** compartilhar metas, desafios e até falhas com *stakeholders*.
- **Decisões baseadas em valores:** criar comitês éticos e treinar líderes para ponderar impactos sociais nas estratégias.
- **Incentivos alinhados:** recompensar comportamentos éticos, não apenas resultados financeiros.

Benefícios para a empresa

Quando uma empresa adota uma abordagem espiritual, amorosa e ética na gestão de pessoas, os resultados vão além do bem-estar individual. Ela colhe, também, benefícios como:

- **maior engajamento**: colaboradores que se sentem valorizados e amparados tendem a se engajar mais com os objetivos da empresa;
- **redução de custos:** menos absenteísmo, *turnover* e doenças ocupacionais significa economia para a organização;

- **inovação e criatividade:** um ambiente saudável e acolhedor estimula a criatividade e a inovação, essenciais para a competitividade;
- **reputação fortalecida:** empresas que priorizam o bem-estar e a ética são vistas como referências no mercado, atraindo talentos e clientes.

O futuro é dos corajosos; as empresas que ousam unir lucro e princípios espirituais e éticos estão reescrevendo as regras do jogo. Imagine uma organização onde colaboradores se orgulhem de seu trabalho, clientes defendam sua marca e investidores apostem no longo prazo. Isso não é utopia — é escolha.

A espiritualidade, o amor e a ética não são apenas conceitos filosóficos; são ferramentas práticas que podem transformar empresas em ambientes mais humanos, saudáveis e lucrativos. Em um mundo onde o cansaço e a desmotivação são cada vez mais comuns, as organizações que investirem no bem-estar integral de seus colaboradores colherão frutos duradouros. Afinal, uma empresa só é verdadeiramente bem-sucedida quando suas pessoas estão bem. E, como diz o ditado, "cuide das pessoas, e os números cuidarão de si mesmos".

Mais ainda, a integração dos pilares espiritual e ético nos negócios não apenas humaniza as organizações, mas também impulsiona resultados sustentáveis e lucrativos. Espiritualidade, aqui, refere-se à busca de propósito e conexão com valores transcendentais (como integridade, compaixão e serviço), enquanto a ética orienta decisões alinhadas a princípios morais e responsabilidade social. Juntos, eles criam uma cultura organizacional coesa, capaz de gerar engajamento, inovação e lealdade.

Prática espiritual

Empresas que incorporam um propósito além do lucro — como promover bem-estar social ou ambiental — atraem talentos motivados e consumidores conscientes. Funcionários que veem significado em seu trabalho são mais produtivos e criativos. Meditações, programas de *mindfulness* ou espaços de reflexão reduzem estresse, melhorando a tomada de decisões. Exemplo: a marca Patagônia, cujo propósito ambiental gera fidelidade de clientes e diferenciação no mercado.

Prática ética

Transparência, *fair trade* e *compliance* evitam multas, processos e danos reputacionais. Cadeias produtivas éticas reduzem riscos operacionais e atraem investidores ESG (*Environmental, Social and Governance*), que priorizam sustentabilidade. Empresas como a Unilever demonstram que práticas éticas (como reduzir desigualdades) ampliam a confiança do consumidor, aumentando receita.

O lucro, assim, deixa de ser um fim isolado, tornando-se consequência de um modelo que equilibra ganhos materiais e contribuição social. A chave está em entender que ética e espiritualidade não são custos, mas investimentos em capital humano e reputacional, gerando vantagem competitiva em um mercado cada vez mais consciente.

Nesse sentido, avalie sua cultura atual com perguntas simples: nosso propósito inspira? Nossas decisões refletem integridade? Além de olhar para o colaborador enquanto funcionário, você consegue enxergar o ser humano e suas complexidades?

Reveja e revisite constantemente essas questões no seu mundo corporativo e você terá resultados com lucros incríveis. Lembre-se: cultura não se muda da noite para o dia, mas cada passo ético e humano constrói um amanhã mais sólido. Qual será seu primeiro passo?

BIBLIOGRAFIA

ETHICS & COMPLIANCE INITIATIVE. *Global Business Ethics Survey*. Ethics & Compliance Initiative, 2023. Disponível em: https://www.ethics.org/global-business-ethics-survey/. Acesso em: 28 fev. 2025.

KOFMAN, F. *Conscious Business*. Louisville: Sounds True, 2006.

NAVAS, R. *Liderança e confiança nas organizações*: por que é fundamental. Disponível em: https://www.gupy.io/blog/lideranca-confianca-organizacoes. Acesso em: 14 mar. 2025.

SINEK, S. *Comece pelo porquê*. Rio de Janeiro: Sextante, 2018.

SOARES, A. *Estudo de caso Patagonia*: como a marca se tornou referência em cultura organizacional e sustentabilidade. Disponível em: https://g4educacao.com/blog/case-patagonia. Acesso em: 14 mar. 2025.

Charlles Bolentini

“O ser humano e suas complexidades são a essência da nossa gestão.”

Danilo Jardim

Sou Danilo Jardim, natural de Cordeiros/BA, mas resido no bairro do Tatuapé, na cidade de São Paulo/SP com minha amada família: minha esposa Natalia Jardim, minha filha Maitê e minha enteada Manuela; tenho, ainda, mais dois filhos de outro relacionamento anterior, Laura e Lucca.

Sou empresário, consultor e palestrante especialista em atendimento e vendas.

Sou formado em Administração de Empresas e tenho bacharel em Direito.

Atualmente, já são mais de 3.500 pessoas treinadas, líderes impactados e empresas felizes com os resultados.

Porém, minha história de sucesso não foi sempre assim. Ao superar desafios, provei que é possível mudar a própria vida. Por meio da vontade incansável de contribuir com a transformação do próximo, busco inspirar pessoas com minha história de superação, mostrando o quão longe podem ir.

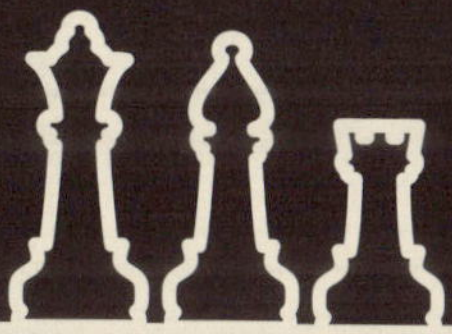

danilojardim1

+55 (11) 96709-4767

daniloconsultoria2@gmail.com

CÓDIGOS EMPRESARIAIS

VENDAS CONSULTIVAS: AGREGANDO VALOR AO CLIENTE

Por Danilo Jardim

Em um mercado cada vez mais competitivo com clientes extremamente exigentes, não podemos resumir a venda de um produto ou serviço apenas destacando suas características; precisamos entender a real necessidade e o que cada cliente está buscando, de acordo com seu perfil.

Podemos entender a venda consultiva como o processo que começa com uma abordagem humanizada e focada em conhecer melhor seu cliente, fazendo perguntas, entendendo gostos e preferências, e compreendendo a relação entre produto e cliente; ou seja, tais respostas são essenciais para elaborar uma proposta de produto ou solução personalizada de acordo com as necessidades buscadas naquele momento.

Sendo assim, podemos compreender a importância da venda consultiva, em que o vendedor deve atuar como um consultor de vendas e especialista em pessoas, uma vez que, produtos e serviços podem ser facilmente copiados; porém, é cada vez mais raro encontrar clientes surpreendidos, expectativas superadas e momentos marcantes.

"O cliente esquecerá o que você vende, mas jamais esquecerá a forma que foi tratado" (PIRES, 2021).

Entendemos, assim, que a venda não se resume unicamente ao produto ou serviço vendido, e sim a um conjunto de soluções, que vão desde a primeira abordagem até a concretização da compra e o pós-venda, criando, dessa forma, maiores chances de fidelização e indicação, pois o cliente satisfeito é o melhor *marketing* da empresa.

O que é a venda consultiva?

Há clientes que, quando visitam um estabelecimento, já têm em mente qual produto desejam adquirir; é o cliente que estudou previamente sobre aquele produto, sabe suas características etc. Por exemplo, na compra de um carro, os clientes que são fãs de automóveis muitas vezes, dependendo do modelo, já conhecem mais sobre aquele produto do que o vendedor. Nesse caso, o vendedor somente precisa encantá-lo, fazê-lo se sentir importante e construir um relacionamento, não somente pela venda, mas para gerar uma experiência incrível.

Agora, imagine ser atendido por um vendedor que mal conhece o produto ou serviço, ou que não se preocupa em conhecer melhor o cliente e saber realmente o que ele anseia e busca. Esse tipo de vendedor nem poderia ser chamado de vendedor, e sim um tirador de pedido.

A venda consultiva busca uma aproximação entre o vendedor e seu cliente, com a elaboração de um processo detalhado — desde a abordagem até o fechamento da venda e a despedida —, pensado com todo carinho para que o cliente de fato tenha uma experiência marcante, focando não somente no produto, mas principalmente no consumidor, e gerando valor e satisfação verdadeira com a aquisição.

Para isso, faz-se necessária a implantação de um processo bem-estruturado, com treinamento contínuo e acompanhamento na satisfação dos clientes, que pode ser feito através de pesquisas que tragam métricas e mostrem o desempenho da equipe e o nível de satisfação do cliente, como a NPS (Net Promoter Store), que mede a satisfação e a lealdade dos clientes.

Na fase de implantação, precisamos nos preocupar sempre com nossos clientes, haja vista que se dividem em dois tipos: o cliente interno, que são os colaboradores, e o externo, os clientes que compram. Os clientes internos são os colaboradores, que fazem o atendimento, estão na linha de frente e precisam de uma estrutura que os motive e engaje. Ou seja, cabe à empresa investir em uma cultura forte para o colaborador se sentir incluído e parte do processo de transformação, não somente na experiência do cliente (externo). Este, no caso, busca sempre ser atendido por uma equipe treinada e que proporcione a melhor experiência possível.

Passo a passo de uma venda consultiva

<u>Contato visual e postura</u>

O primeiro contato com o cliente é crucial. Esse momento é conhecido por meio do ditado: "Faça uma boa impressão inicial, pois talvez não haverá uma próxima oportunidade de criar uma nova boa impressão". Olhe nos olhos do cliente, sem julgamentos; seja gentil e simpático. Todos nós temos problemas e estamos sujeitos a não estar em um dia tão bom, mas quando se trata de atendimento ao público, precisamos de fato “vestir o personagem” — ou seja, buscar oferecer o melhor serviço, independente da situação —, pois precisamos separar o trabalho da vida pessoal e atuar com o máximo de profissionalismo.

Abordagem e sondagem

Sempre se apresente ao cliente com uma saudação calorosa e boas-vindas. Fale seu nome e, quando tiver abertura, pergunte o nome do cliente; em seguida, execute uma escuta ativa, na qual escutar o cliente e fazer perguntas estratégicas é essencial para entender melhor suas necessidades, desejos, preferências e gostos.

Exemplos de frases úteis:

- Excelente tarde, seja muito bem-vindo à nossa empresa. Prazer, sou [nome], será um prazer atendê-lo.
- Gostaria de entender melhor o que você está buscando. No momento, você tem alguma preferência?
- Gostaria de entender melhor como posso auxiliá-lo a tomar a melhor decisão.
- Obrigado por compartilhar essas informações e através delas irei lhe apresentar uma solução que com toda certeza irá atendê-lo.

Instrução

Após a sondagem, em que se busca fazer perguntas que ajudem a entender melhor o perfil do cliente, forneça informações relevantes que fortaleçam a tomada de decisão.

Flexibilizar sempre

Nem todos os clientes são iguais; por isso, a sondagem é importante para conhecê-los melhor. Nessa fase, você precisa muitas vezes adequar seu produto e serviço ao cliente; ou seja, personalize a oferta, adapte-se à realidade do cliente naquele momento, e ele sentirá exclusividade no tratamento.

Apresentação de produto ou oferta

Nessa hora, o foco não deve estar no produto em si, mas nos impactos e nas transformações positivas diante da necessidade do cliente. Por isso, é importante gerar conexão, ter uma primeira impressão positiva, fazendo com que o cliente se sinta à vontade e confiante.

Foque sempre os ganhos que ele conquistará comprando com você; por exemplo, demostre prova social (depoimentos de clientes satisfeitos) que valide essa apresentação: cases de sucesso, histórias de pessoas e empresas que foram impactadas e transformadas através da sua solução.

Fechamento da venda

É a hora resumir todos benefícios e vantagens apresentadas. Certifique-se de que atendam às necessidades do cliente e feche a proposta, mas lembre-se de que não se deve falar em preço a todo momento — a intenção é sempre gerar valor ao produto e serviço. Demostre a percepção de que a oferta está acessível diante dos benefícios proporcionados. Já dizia Warren Buffett: "Preço é o que o cliente paga, valor é o que o cliente leva". O valor pode estar sendo demonstrado de várias maneiras, seja no ambiente, no *status*, na embalagem, na personalização do produto, na agilidade, na melhoria contínua, na produtividade, nos produtos exclusivos, na redução de riscos, na alta performance, na diminuição de desperdício etc.

Pós-venda

Imagine o processo de venda perfeito, do início ao fim; porém, pergunte-se: após o cliente receber o produto e serviço, foi tudo conforme acordado, nas condições, prazos e características apresentadas na hora da compra? Muitos vendedores, marcas famosas e prestadores de serviço perdem mais clientes no pós-venda do que necessariamente no ato de compra. Centenas de milhares de clientes recorrem a suportes, gerentes e afins para reclamar ou questionar assuntos a respeito do não cumprimento de compromissos firmados no ato da compra; dessa forma, percebemos o quanto esse ponto é importante.

Fidelização

Vender para o cliente uma vez é bom, mas vender várias vezes para o mesmo cliente é melhor ainda. Certamente, você já voltou para comprar algum produto ou serviço de alguma marca, pois gostou do atendimento, do produto ou da prestação do serviço. Esses efeitos são mais duradouros quando, de alguma forma, você marca a vida do cliente, pois quando o cliente está feliz e satisfeito, além de retornar, ele indica o produto ou serviço para outras pessoas.

Quando falamos de fidelização, logo imaginamos algo palpável e tangível, mas a verdadeira fidelização ocorre quando sua empresa consegue criar memórias que vão além do produto ou serviço, principalmente quando atinge o emocional.

Para conseguir esse feito, é necessário entregar uma experiência excepcional, na qual a percepção de valor tenha sido elevada e a expectativa tenha sido não só atendida, mas superada.

Podemos citar como exemplo uma empresa cujo cliente fiel — aquele que compra com muita frequência e já construiu um relacionamento mais sólido — receba, no dia do seu aniversário, um produto de que gosta muito, um par de ingressos, um jantar, um mimo etc. Com isso, não estamos exaltando a cortesia em si, mas o fato da lembrança, de se sentir importante, lembrado; que aquela data tão especial não passou em branco. Dessa forma, o que fica é a experiência vivida e o momento marcante, pois ganhar presente é muito bom, mas na data de seu aniversário é melhor ainda.

Em todos os tipos de mercado, existem inúmeros produtos e serviços similares. Assim, nota-se que a verdadeira diferenciação está nos profissionais de venda e seu atendimento, na forma que abordam e cativam o cliente. A ideia não é ser somente um vendedor, mas um verdadeiro consultor, construindo relacionamentos à base de confiança e permitindo que o cliente se sinta à vontade a ponto de fortalecer a parceria a cada negociação.

A conversão de vendas é muito superior quando há esse tipo de abordagem consultiva, e faz com que empresa tenha uma percepção de valor de mercado elevada, pois o cliente que percebe que a relação não foi somente de compra e venda se sente confiante para indicar o serviço e se tornar o seu maior divulgador.

Tudo começa com uma decisão, e tenho certeza de que você escolheu ser um vendedor consultor. Para isso, sua jornada não pode parar; a busca constante por conhecimento e aperfeiçoamento de habilidades é inevitável. Priorize sempre o cliente e gere valor a todo momento, pois o sucesso da sua empresa está na satisfação do seu cliente e de como ele enxerga sua marca.

Você conheceu aqui alguns princípios da venda consultiva. Agora, a verdadeira transformação começa em você!

BIBLIOGRAFIA

BUFFETT, W. *The Essays of Warren Buffett*: Lessons for Corporate America. Nova York: Harper Business, 1997.

PIRES, M. Slide: Treinamento Garçom Vendedor. *Sampa Pão*, 2021.

Danilo Jardim

“A chave do sucesso não está somente no produto ou no serviço, e sim nas soluções e nos impactos que transformam a vida do cliente.”

Edna Leite

Edna Leite, natural de Ariquemes/RO. Sou uma mulher determinada, decidida a reescrever histórias e impactar positivamente a vida de centenas de mulheres empreendedoras. Atualmente resido em Lisboa, Portugal, tendo me destacado como coautora do livro *Quais de mim você procura*, e atuo como mentora e palestrante, especializada em mentalidade empreendedora. Sou a criadora do método Desperte Seu Potencial Empreendedor (DSPE), que visa capacitar e inspirar mulheres a alcançarem seus objetivos e a desenvolverem todo seu potencial no mundo dos negócios. Em minhas redes sociais, compartilho conhecimento e experiências, promovendo uma comunidade de apoio e crescimento para empreendedoras.

ednaleiteempreender
empreendacomednaleite
ednaleite
leiteedna415@gmail.com

CÓDIGOS
EMPRESARIAIS

9

O PODER DA VISÃO EMPRESARIAL CLARA

Por Edna Leite

A visão empresarial é o farol que orienta o crescimento de qualquer negócio, independentemente de seu porte. Ela representa a capacidade do empresário de definir a direção em que deseja levar a empresa e os objetivos que pretende alcançar. Por meio de um planejamento estratégico minucioso, essa visão se torna uma habilidade fundamental para o desenvolvimento e a expansão da organização. Uma visão clara não apenas facilita a definição de metas de crescimento, mas também serve como um guia essencial nas tomadas de decisão, garantindo que cada passo esteja alinhado com os objetivos traçados.

Desenvolver uma visão empresarial clara é tão essencial quanto respirar; sem ela, a sobrevivência do nosso negócio se torna impossível.

Todo o alinhamento estratégico da empresa está intrinsecamente ligado à visão empresarial do empresário. O que acontece quando o empresário não tem uma visão clara para sua empresa? Você, empreendedor, já refletiu sobre os inúmeros desafios que seu negócio pode enfrentar devido a essa falta de clareza? Vamos explorar alguns problemas que podem surgir a partir dessa miopia empresarial.

O principal desafio enfrentado por muitos empreendedores é a falta de direção clara, que pode levar a uma série de problemas graves. A ausência de um objetivo definido resulta em desmotivação entre os colaboradores, que se sentem perdidos e sem propósito. Isso, por sua vez, diminui a competitividade da equipe, compromete a comunicação interna e gera desalinhamento entre os membros. Consequentemente, oportunidades valiosas são perdidas e a insatisfação dos funcionários tende a aumentar, criando um ciclo vicioso que pode ser difícil de quebrar. Para evitar esses desafios, é essencial que as empresas estabeleçam uma visão clara e inspiradora, promovendo um ambiente de trabalho coeso e motivador.

Esses desafios podem ter consequências devastadoras para seu negócio. Imagine-se a bordo de um barco à deriva em alto-mar, sem conseguir controlar as velas. As pessoas que o acompanham começam a sentir insegurança, e, em meio a essa incerteza, algumas tentam abandonar a embarcação, tomadas pelo medo e pela falta de direção. Essa é a realidade que muitas empresas enfrentam quando seus líderes não têm clareza sobre o futuro. A desorientação gera um ambiente de insegurança, em que colaboradores se sentem perdidos e desmotivados, ameaçando, assim, a harmonia e a produtividade do time. Em tempos desafiadores, é essencial que o líder tenha uma visão clara e inspire confiança, para que todos remem juntos em direção a um objetivo comum.

Agora que discutimos os problemas e as consequências da falta de visão em seu negócio, é hora de explorarmos alguns caminhos para desenvolver uma visão empresarial clara. É importante entender que toda habilidade que você acredita não ter, na verdade reside em estado latente dentro de você. O que você precisa fazer é começar a treinar e praticar.

Para despertar essa habilidade de enxergar além do óbvio, comece voltando-se para dentro de si mesmo. Pergunte-se: por que iniciei este negócio? A visão está intrinsecamente ligada ao nosso propósito de vida. Reflita sobre onde você quer chegar, quais sonhos deseja realizar através da sua empresa e quantas vidas você deseja impactar, além da sua própria.

Essa jornada de autodescoberta é fundamental para moldar uma visão inspiradora que não apenas guiará suas decisões, mas também motivará sua equipe e atrairá clientes que compartilhem dos mesmos valores. Desperte seu potencial e transforme sua visão em realidade!

É fundamental ter clareza sobre o que você realmente deseja conquistar. Com essa visão bem definida, você pode iniciar um planejamento que seja não apenas alcançável, mas também escalável a longo prazo. Coloque suas metas no papel e, uma vez que você tenha essa clareza interna, é hora de compartilhar sua missão de crescimento com sua equipe. Nesse momento, é crucial que você transmita confiança e segurança, pois seus colaboradores precisam acreditar em você e no projeto da empresa. Funcionários motivados e seguros são a chave para garantir o sucesso do seu negócio. Ao cultivar esse ambiente de confiança, você fortalece o comprometimento e a colaboração, criando uma base sólida para alcançar objetivos ambiciosos.

Evite ser um empreendedor funcional, pois essa abordagem limita a compreensão profunda das necessidades do seu negócio. O empreendedor funcional tende a pensar de maneira rígida, preso a respostas já conhecidas, sem se permitir explorar novas perspectivas. Ele não se movimenta por meio de questionamentos e vive na incerteza dessas respostas preestabelecidas. Essa mentalidade impede o crescimento e a inovação, já que esse empreendedor acredita que seu conhecimento é suficiente e não está aberto a novas ideias ou *feedbacks*. Para prosperar, é essencial cultivar uma mentalidade questionadora, estar disposto a desafiar o *status quo* e abraçar o aprendizado contínuo.

O simples, quando bem executado, sempre traz resultados. No entanto, é fundamental que isso seja colocado em prática e não deixado de lado. É na simplicidade da excelência que se constrói um grande império. Ter um CNPJ não é apenas uma formalidade; ele representa uma extensão de quem você é. Para edificar uma empresa que tenha valor e uma missão clara, em que o humano é valorizado, é essencial que você, como empreendedor, compreenda que o ato de empreender está intimamente ligado à educação.

É por meio do conhecimento adquirido e aplicado diariamente que você desenvolve a habilidade de ter uma visão clara do seu negócio. Investir em aprendizado contínuo e na prática desse conhecimento é o caminho para transformar sua visão em realidade e para criar uma organização que faça a diferença.

Libertar a mente dos velhos padrões é fundamental para ampliar sua visão e proporcionar clareza e direcionamento. É essencial reconhecer que nossa percepção do mundo se transforma constantemente, à medida que avançamos em nosso processo de autodescoberta e aprendizado contínuo. A visão que temos hoje pode ser bem diferente da que teremos em dois anos, pois estamos sempre em movimento e evolução.

Para que seu negócio cresça, é imprescindível cultivar a ambição e o desejo de alcançar novas conquistas. Essas realizações começam a se formar em sua mente, onde você esboça a imagem do que deseja alcançar. Somente depois disso é que você poderá agir fisicamente para transformar essas ideias em realidade. Todo empreendedor visionário é capaz de visualizar seu negócio antes mesmo de ele existir.

Se você está pensando, enquanto lê este texto, que não se considera um visionário e se pergunta se deve desistir de seu sonho de empreender, saiba que isso não é motivo para desânimo. A capacidade de visualizar e criar não é um atributo inato, mas sim uma habilidade que pode ser desenvolvida. Com prática e reflexão, você pode aprender a moldar suas ideias e construir uma visão clara para seu futuro. Não desista, pois a jornada do empreendedorismo é feita de aprendizado e crescimento contínuo.

Empreender não é uma questão de sorte; é um compromisso diário com desafios que visam alcançar objetivos grandiosos. Ao se tornar seu próprio chefe, você assume a responsabilidade total pelo seu sucesso. É fundamental evitar a tentação de buscar desculpas, pois isso pode levar à estagnação e à falta de resultados. Cultive a ambição e equipe-se com as ferramentas essenciais para o crescimento: conhecimento, humildade e capacidade de ouvir. A escuta ativa é uma poderosa fonte de aprendizado, permitindo que você absorva diferentes perspectivas e melhore continuamente. Lembre-se: o sucesso no empreendedorismo é uma jornada que exige dedicação, aprendizado constante e ação decisiva.

Independentemente do tipo de negócio que você possui, seja uma simples porta no fundo do quintal ou uma empresa já estruturada, é essencial cultivar disciplina e bons hábitos. Se você está começando agora, enxergue-se como um grande empresário; não se subestime. Lembre-se de que você está em processo de crescimento.

Por outro lado, se seu negócio já está estruturado e apresenta potencial de ascensão, é importante ter cuidado para não cair na armadilha de achar que já sabe tudo. A estagnação pode ser um grande obstáculo ao seu progresso. Mantenha-se sempre aberto ao aprendizado e à inovação.

Para construir uma empresa com um CNPJ forte, é fundamental contar com a colaboração de diversas pessoas, representadas pelos CPFs envolvidos. Valorizar aqueles que estão ao seu lado é essencial, pois uma história de crescimento não é escrita sozinha. Saber se relacionar com as pessoas e manter uma boa comunicação, em que todos compreendam o real objetivo e propósito da sua empresa, é um diferencial importante.

Além disso, buscar ajuda quando você percebe que não domina um determinado assunto é um sinal de amadurecimento e demonstra que você está desenvolvendo sua visão empresarial. Ter uma visão clara do seu negócio não significa que você precisa saber tudo, mas sim que consegue identificar as necessidades da sua empresa e buscar as orientações necessárias para seu desenvolvimento.

Espero que essas reflexões tenham sido úteis e contribuam para seu negócio. Se o que você leu aqui fez sentido para você, fico muito feliz! Sinta-se à vontade para entrar em contato comigo através das minhas redes sociais e conhecer minha mentoria de acompanhamento para empreendedores. Não deixe de acreditar no seu potencial e saiba que você pode desenvolver e fortalecer sua visão empreendedora de forma clara e assertiva; só depende de você dar esse primeiro passo.

Edna Leite

“Miopia empresarial é a incapacidade de enxergar além do óbvio.”

Eliane Francisco

Meu nome é Eliane Francisco. Natural de Rondonópolis/MT, atualmente resido em Cuiabá/MT e sou casada há 29 anos com Roberto Francisco, meu parceiro de vida e sucesso. Juntos, construímos uma família linda. Temos três filhos — Rafaela, Emanuela e Roberto Filho —, que são minha maior motivação.

Sou *coach* do bem-estar e consultora Herbalife. Já tive a honra de impactar e transformar muitas vidas. Através da boa alimentação e da oportunidade de negócio, ajudo pessoas a atingir sua melhor versão e ter um estilo de vida mais saudável e ativo.

Minha jornada não foi fácil, mas cada desafio enfrentado me fortaleceu e me mostrou que, com autoconhecimento e determinação, é possível mudar a própria realidade. Acredito no poder da evolução pessoal e no impacto positivo que podemos gerar na vida das pessoas.

coach.eliane
+55 (65) 99340-8003
aumentasuarenda@hotmail.com

CÓDIGOS
EMPRESARIAIS

10

O PAPEL DO CLIENTE NO SUCESSO DOS NEGÓCIOS

Por Eliane Francisco

Há catorze anos, tivemos contato com os produtos da Herbalife através de uma funcionária que nos convidou para conhecer um Espaço Vida Saudável. Começamos a usar os produtos, e decidi abrir um desses espaços dentro da nossa empresa.

Em seguida fomos conhecer a companhia em um evento só para líderes, chamado Final de Semana de Liderança, em Foz do Iguaçu, na esperança de ganhar uma renda extra para darmos uma melhor qualidade de vida à nossa família. Nesse evento, conhecemos a história e a missão de nosso presidente fundador, Mark Hughes, e nos apaixonamos por ela.

Através do nosso resultado pessoal com os produtos, o propósito de Mark fica muito evidente, e é quase impossível não nos contagiarmos quando ajudamos alguém a mudar de vida e a melhorar seu bem mais precioso: a saúde.

Então, quando você encontrar um de nós, distribuidores, saiba que nosso primeiro objetivo não é apenas vender um produto, mas compartilhar com você nossa paixão por esses produtos incríveis que verdadeiramente transformam vidas.

Quando conhecemos a oportunidade de negócio da Herbalife, a ideia inicial era apenas gerar uma renda extra. Naquele momento, já éramos bem-sucedidos no mercado financeiro, atuando como correspondentes bancários em operações de empréstimo consignado para servidores públicos e aposentados do INSS. Estávamos com onze lojas em cinco estados diferentes e, para nós, a Herbalife parecia ser uma forma de construir *royalties*, algo que pudesse servir como uma garantia para o futuro dos nossos filhos.

Porém, no ano seguinte, algo inesperado aconteceu: alguns dos bancos com os quais trabalhávamos foram alvo de liquidação extrajudicial decretada pelo Banco Central do Brasil, e outros simplesmente deixaram de operar. Durante o processo de auditoria desses bancos, começamos a enfrentar grandes dificuldades financeiras.

Os prejuízos começaram a ser descontados diretamente dos nossos créditos. O banco pagava a operação para o cliente, mas os estornos eram deduzidos do nosso saldo de crédito. Descobríamos o valor dos prejuízos de cada operação que realizávamos apenas após a emissão da nota fiscal, então ficávamos aguardando o crédito entrar na conta; mas ele nunca vinha, deixando-nos em uma situação financeira difícil e imprevisível.

O impacto dessa situação foi devastador para a nossa empresa. Além do prejuízo financeiro, tínhamos uma equipe de agenciadores que trabalhava comissionada, o que aumentava ainda mais a pressão sobre nossas finanças. Somados a isso, as despesas fixas com funcionários, aluguéis, custos de operação e outros compromissos estavam nos consumindo a cada mês. A cada novo ciclo, a dívida aumentava e a situação se tornava mais insustentável.

Chegou o momento em que não havia mais saída. Fomos forçados a vender bens e parte do nosso patrimônio para fechar algumas lojas, demitir funcionários e tentar honrar o que ainda podíamos dos nossos compromissos financeiros. Foi uma fase extremamente difícil, algo que não gosto de relembrar. Um período de muita tristeza, no qual as incertezas e a pressão financeira nos fizeram sentir que a saída estava cada vez mais distante.

Momento da virada

Foi um momento decisivo na minha trajetória quando percebi que poderia transformar essa oportunidade de renda extra em algo muito maior, meu negócio principal.

No início, dediquei grande parte do meu tempo aos treinamentos, já que a área era completamente diferente da minha formação, que é bacharel em Direito. Eu só tinha conhecimento do mercado financeiro, o que fez com que eu me esforçasse ainda mais para entender as nuances desse novo mercado e me tornar uma profissional de sucesso na Herbalife.

Dois anos depois, meu esposo, que acompanhava meu crescimento, decidiu se juntar a mim em tempo integral, encerrando as atividades da empresa que possuía. A partir daí, o nosso trabalho na Herbalife se tornou ainda mais forte e comprometido.

Tenho uma profunda gratidão por toda a liderança da Herbalife, especialmente aos meus presidentes, Lilian e Alexandre Lázaro, e a Lucimar e Geraldo, que sempre nos acolheram com muito amor e apoio.

Prática e resultados

Com base nos treinamentos, começamos a aplicar tudo o que aprendemos no dia a dia. Fomos em frente, falando com as pessoas, conquistando clientes todos os dias e recrutando novos distribuidores para nosso negócio. O objetivo era ensinar essas pessoas a fazerem o que estávamos fazendo e ajudá-las a obter os mesmos resultados.

Quando você tem uma visão clara da oportunidade de negócio oferecida pela Herbalife, compreende seus princípios e valores, e conhece a qualidade dos produtos; isso gera confiança, credibilidade e segurança para desenvolver um trabalho sólido e de excelência. E é isso que conseguimos transmitir aos outros: nossa alegria em fazer parte dessa empresa.

Falamos com entusiasmo, brilho nos olhos e gratidão genuína. E os resultados falam por si.

Impacto na vida das pessoas

Foram muitas as vidas que conseguimos impactar, mas gostaria de destacar três casos de clientes que tiveram resultados extraordinários, os quais fortaleceram nossa credibilidade no mercado.

A Dra. Ana Cláudia (@dra.ana_matos) e a Deoblania (@deoblania_massoterapeuta) participaram de um projeto do qual tivemos o privilégio de fazer parte: o Desafio de Transformação Corporal. Ambas foram, por duas vezes consecutivas, as vencedoras do desafio. Elas enfrentavam o desafio da obesidade e, naquele momento, passavam por algumas dificuldades; isso tornou a transformação ainda mais significativa para elas.

A Dra. Ana conseguiu eliminar 10 kg em apenas 21 dias. A Deoblania, por sua vez, perdeu 13 kg em dois meses. Hoje, é uma grande alegria ver como ambas estão colhendo os frutos do seu esforço e alcançando muito sucesso em suas vidas.

Também não posso deixar de mencionar o William (@herdeirosvieira), que perdeu 40 kg em poucos meses.

Esses resultados geraram grande interesse nas nossas redes sociais, e muitas pessoas começaram a nos procurar, querendo saber como poderiam participar do nosso projeto e também alcançar esses resultados transformadores.

Hoje, ao olhar para tudo o que conquistamos nessa empresa, sinto imensa felicidade e gratidão. Tivemos a oportunidade de viver experiências incríveis, como viagens para *resorts*, cruzeiros, premiações e incontáveis reconhecimentos. Também conseguimos conquistar bens materiais, como carros e imóveis.

O mais gratificante de tudo, no entanto, é que, por meio dessa oportunidade, conseguimos proporcionar aos nossos filhos a chance de estudar em uma das melhores escolas da nossa capital. Minha filha Rafaela se formou em Ciência da Computação pela UFMT. Minha outra filha, Emanuela, está na metade do curso de Nutrição, também pela UFMT. Meu filho Roberto está no último ano do Ensino Médio e se preparando para entrar na mesma universidade.

É incrível pensar que, há pouco tempo, estávamos com uma dívida de mais de um milhão de reais.

Momento de gratidão

Primeiramente, agradeço a Deus.

Agradeço, também, ao meu querido esposo; sua dedicação e companheirismo fazem toda a diferença em nossa jornada. Sou imensamente grata por tudo que construímos juntos. Obrigada por ser meu parceiro em todos os sentidos!

Aos meus filhos e genro amados; vocês são meu maior presente, minha força e inspiração. Cada esforço meu é por vocês, pois não há alegria maior do que os ver felizes. Sou imensamente grata por tê-los e por todo amor que me dão. Estarei sempre aqui, com todo meu amor e dedicação.

Agradeço a nossa família querida, por estar ao nosso lado durante toda essa jornada. Agradeço também ao meu cunhado Rubens e à Marcela, que sempre nos ajudaram. De uma forma especial, sou eternamente grata à minha mãe e à minha irmã Ejiane, que sempre foram nossos braços direitos. E, claro, ao meu sobrinho João Pedro, que é uma fonte de alegria em nossas vidas.

Aos nossos valiosos clientes e consultores, queremos agradecer de coração por confiarem em nosso trabalho e caminharem ao nosso lado. Vocês são a razão do nosso compromisso diário com a qualidade, o atendimento e a excelência. Cada escolha por nós é um incentivo para seguirmos evoluindo e oferecendo sempre o melhor. Que nossa parceria continue forte e duradoura!

Muito obrigada!

Eu não sei qual é o desafio que você está enfrentando neste momento, mas quero lembrá-lo de algo: se você tem sonhos, a oportunidade da Herbalife pode ser o veículo que vai ajudar você a alcançá-los. Nunca desista dos seus sonhos, pois com determinação e a oportunidade certa, você pode transformar sua realidade.

Se eu consegui, tenho certeza de que você também pode conseguir.

Você, que se preocupa com a saúde, bem-estar e alimentação saudável, e também busca uma renda extra ou está fazendo uma transição de carreira, eu e minha equipe estamos em expansão e temos uma oportunidade para você!

Nosso método de emagrecimento já ajudou milhares de pessoas em diversos países, e estamos em busca de distribuidores que queiram se juntar a nós nessa jornada. Trabalhamos também com envelhecimento saudável e qualidade de vida, áreas que estão em alta no mercado.

Estamos recrutando pessoas para treinamentos de *coaching* do nosso método. Não se preocupe, damos toda a capacitação necessária, e você pode trabalhar em tempo parcial, sem precisar abandonar o que já faz hoje. Você pode trabalhar de qualquer lugar do mundo e ganhar em dólar, euro ou real — sem limites!

Se você gosta de cuidar da saúde e ajudar os outros, e quer aprender uma nova carreira ou ter uma renda extra, eu estou em busca de você!

Entre em contato comigo pelas minhas redes sociais ou WhatsApp e venha fazer parte desse movimento de saúde e bem-estar!

Eliane Francisco

"Apaixone-se pelos produtos, pelo negócio e pelas pessoas. No início, pode ser desafiador, mas vai valer a pena."

AFÉ COMELAS

Érika Vasconcelos

Sou Érika Vasconcelos, natural de São Paulo/SP, mas desde criança resido em Almenara/MG. Sou esposa do Brenno e mãe da Olga Sofia.

Pedagoga e palestrante, possuo MBA em Gestão de Pessoas e Liderança, e sou idealizadora do Café com Elas. Com o propósito de fortalecer o empreendedorismo feminino, criei a Comunidade Movimento Liderar, acreditando que mulheres conectadas e empoderadas são capazes de transformar o mundo.

Já vendi sapatos em couro, bijuterias e sucos *detox* para ter renda extra, e contribuí na vida de milhares de pessoas de todo o Brasil, através de cursos, mentorias, consultorias e palestras.

Atuo com o treinamento gerencial de lideranças femininas para desenvolvimento de qualificações técnicas, comportamentais e emocionais na busca pelo sucesso no que fazem.

erikavasconcelof
+55 (33) 99903-4902
erikavasconcelosf@gmail.com

CÓDIGOS
EMPRESARIAIS

11

A ESSÊNCIA DA LIDERANÇA TRANSFORMADORA

Por Érika Vasconcelos

Como tudo começou

Vou lhe contar sobre um fogo que transforma chamado Café com Elas, que já impactou a vida de centenas de mulheres numa região considerada extremamente pobre, o Vale do Jequitinhonha, em Almenara, Minas Gerais. Quando idealizei esse projeto, pensava apenas em reunir um grupo de no máximo vinte mulheres para um bate-papo sobre negócios, para conhecer os seus desafios e o que aspiravam para o futuro. Aos poucos, fui descobrindo ter um potencial gigante para desenvolver pessoas e levá-las a perceber o seu valor, reconhecendo o que sabem fazer de melhor e alinhando isso à sua entrega para o mundo, a fim de alcançarem realização pessoal e descobrirem o seu verdadeiro propósito.

Em 2024, idealizei o evento Café com Elas, motivada pelo propósito de fortalecer o empreendedorismo feminino na minha região; logo em seguida, surgiu a Comunidade Movimento Liderar, enraizada na crença de que mulheres conectadas e empoderadas são capazes de transformar não só o lugar onde vivem, mas também o mundo.

Como pude ajudar

Atrevi a me oferecer para participar do evento Só pra Elas, da Ana Paula Rodrigues. Essa seria a minha oportunidade de mostrar para as pessoas da minha cidade o meu potencial como palestrante, e ser conhecida por isso. Um divisor de águas na minha vida veio com a mudança de nicho de atuação, quando decidi, então, falar sobre liderança. Aprendi muito vivenciando essa experiência exclusiva para mulheres; foi um momento único, ver aquelas mulheres envolvidas com o propósito de autovalorização, autocuidado e autoconhecimento — foi transformador.

Quando moramos no interior e conhecemos muitas pessoas, temos a mania de nos preocupar com o que elas vão pensar: quem é essa mulher que está se atrevendo a falar de liderança? Muitas vezes até nos questionamos: quem sou eu para falar de liderança? Liderança não tem a ver com perfeição; liderança é escolha! Aprendi que liderança tem a ver com conquistas; não se resume a algo imediato, e sim a um plano estruturado para vencer barreiras em busca de algo maior. Daí, despertei para realizar o meu próprio evento.

No primeiro Café com Elas, em março de 2024, consegui reunir sessenta mulheres, algo para mim inimaginável. Era uma ideia tímida que ganhou uma proporção enorme, chamando a atenção de mulheres de toda a região do baixo e médio Jequitinhonha. Confesso que foi um grande susto, pois duvidei da minha capacidade de gerenciar um grupo tão grande. Mas tive pessoas que me apoiaram e embarcaram nessa ideia comigo, como o meu mentor Gil Gobira, estrategista digital.

Muitos não conhecem a sua jornada, nunca entenderão as suas dores e celebrações ou quais são seus sonhos e propósito de vida; apenas verão os seus exageros, as suas falhas, e vão simplesmente julgá-lo por achar que podem fazer melhor. Não permita que os seus sonhos sejam interrompidos por essas crenças! Aprendi com uma mentora que quando você desvia o seu foco, você desvia o seu destino. Então foque naquilo que realmente importa. Não permita que o comportamento do outro faça você se diminuir ou questionar o valor que você tem. Haverá pessoas que realmente estarão dispostas a ajudá-lo, elogiá-lo, aplaudi-lo, e a contribuir para o seu crescimento. Não dê a ninguém o poder de atrapalhar a sua vida e ditar o seu futuro.

O impacto gerado

Já passaram dez palestrantes pelos palcos e poltronas do Café com Elas, e impactamos mais de duzentas mulheres empreendedoras e futuras empreendedoras. O fogo que transforma chamado Café com Elas é um evento que inspira, inquieta e impulsiona; é uma atmosfera única de encontro, reencontro e muita renovação. Um fogo que vai além, ressignificando histórias e levando mulheres a se descobrirem verdadeiras empresárias, fortalecidas e conscientes do seu propósito.

Ao fortalecer o meu pilar espiritual e me aproximar mais de Deus, vejo que Ele agiu profundamente em todas as áreas da minha vida, me transformando na mulher que sou hoje; mas isso só aconteceu quando eu abri o meu ouvido para escutá-Lo — uma proposta que expandi ao criar o meu método de desenvolvimento, que será assunto para um próximo capítulo. Essa foi a virada de chave para alcançar o sucesso nas minhas consultorias.

No evento da Ana Paula, Deus falou através de pessoas, como a Janaína Caires, alguém que eu nunca tinha encontrado pessoalmente e que me disse: "Acredite no seu sonho; ponha seu pé e Ele põe o chão. Você vai longe, menina!". Ela entrou na minha vida através de um momento de *networking*; contei da minha vontade de reunir pessoas para falar de empreendedorismo e ela me fez acreditar que era possível, além de oferecer a sua ajuda para fazer dar certo, se tornando uma parceira e apoiadora em todos os eventos. Olha só como um *networking* eficiente é poderoso na conquista dos nossos objetivos.

O que você é ninguém pode ser. É o que sempre repito para as minhas líderes preciosas, como carinhosamente as chamo. A sua vivência ninguém tem, você é única. O Café com Elas nasceu da necessidade de mostrar para o mundo a história de cada mulher de sucesso, sendo um evento exclusivo, personalizado e humanizado. Quem decide vivenciar essa experiência nunca se arrepende e quer sempre mais, como vemos no depoimento da Mariana: "No terceiro Café com Elas, tive uma experiência diferente do segundo. Por estar no estande, pude observar o evento acontecendo também nos bastidores, além de receber todo o conteúdo maravilhoso. Quanta organização! No mais, é esperar o próximo que, com certeza, será ainda melhor". É um fogo imenso que precisa chegar a mais mulheres.

O aprendizado

A liderança transformadora começa pela decisão que você toma hoje. O Café com Elas chega à sua 4ª edição em 2025, e traz consigo o mesmo objetivo dos eventos anteriores: empreendedorismo, liderança feminina e protagonismo, com o intuito de continuar transformando a vida de mulheres empreendedoras e futuras empreendedoras, tornando-as únicas para inspirar e fazer história.

Por meio de palestras, conhecimento compartilhado, mesas de negócios e um *networking* incrível, esse movimento contribui significativamente para alavancar negócios já consolidados, além de ajudar quem está apenas começando e deseja empreender. É uma iniciativa para mulheres que buscam conquistar poder sobre si mesmas; que buscam inspirar mudanças, quebrar barreiras e redefinir o significado de liderança; para quem não espera pelo momento certo e cria a oportunidade, moldando seu destino com paixão, propósito e persistência. Esse projeto memorável nasceu com o objetivo de impulsionar negócios femininos, fortalecer o posicionamento e a atitude de liderança de mulheres empreendedoras, promover o desenvolvimento profissional e pessoal de cada mulher, e ensinar cada líder a ser única.

A ambiência é muito mais do que o espaço físico, é tudo que nos impulsiona a desenvolver. O meu conselho é que você esteja próxima de pessoas que tenham os mesmos valores e ambições que você, mulher! Uma consultoria, uma mentoria, um evento como o Café com Elas ou um *mastermind*, não se paga apenas pelos *insights* e conhecimentos, se paga por toda a troca, que tem valor imensurável. Para conquistar a liderança transformadora, é essencial investir em capacitação, no desenvolvimento de habilidades de liderança e em um *networking* para mulheres eficiente. Veja o depoimento de uma de nossas líderes, a Vivianne Porto: "Evento maravilhoso, riquíssimo de conteúdos e conhecimentos; só agradecer por compartilhar tantas experiências e ideias. Ansiosa pelo próximo!".

Eu me transformei em uma mentora de mulheres, após aprender com meus erros e acertos. Investi em especialização, cursos, eventos e livros, fora a experiência adquirida em mais de cinquenta atendimentos individuais em 2024, conhecendo histórias e colhendo resultados de muitas líderes transformadas; investi tempo e dinheiro para me desenvolver e comecei a ensinar pelo exemplo. Em menos de doze meses, a EV Agência, nossa agência de consultorias e treinamentos, triplicou o faturamento através de um planejamento estratégico e muito movimento, pois a atitude é o que nos leva longe. "Tenho a melhor comigo. Uma mentora que me impulsiona cada dia a chegar mais longe. Uma mentora que vibra com o seu sucesso, que está sempre por perto encorajando você, acompanhando o seu crescimento. Gratidão", nas palavras da Márcia Antunes.

O resultado

Tenho muito a continuar compartilhando sobre o quanto aprendi nesses últimos vinte anos de jornada; conhecimento que pode ajudar muitas pessoas. Estar junto de pessoas me encanta. Como amo compartilhar conhecimento! Esta é a minha missão: levar a minha mensagem e compartilhar as minhas experiências, com o propósito de transformar vidas. A minha decisão é fazer o meu presente melhor, para que o meu futuro seja extraordinário!

"O terceiro Café com Elas foi incrível, assim como os dois primeiros! Sempre saio cheia de ideias novas e inspirações. A troca de experiências faz toda a diferença! Mal posso esperar pelo próximo!", em relato Naiana Gobira. É assim que eu quero ser lembrada, como alguém que inspira pessoas — e, principalmente, mulheres — a fazer coisas que pareciam impossíveis. O seu futuro só vai ser diferente se você fizer um presente diferente. Essa frase me motiva dia após dia, e poder ajudar cada mulher empreendedora a transformar seu futuro é a minha missão.

Agradeço a Deus por confiar planos a mim; ao meu esposo Brenno e sócio por acreditar junto comigo desde o começo; a Gil Gobira, Ana Paula Rodrigues e Janaína Caires; às minhas líderes preciosas por confiarem no meu trabalho; às minhas sócias do Espaço Evoluir; e a toda minha família.

Liderança é influência, é a capacidade de transbordar na vida do outro o que há de melhor em nós. Eu não conto apenas o que li nos livros, e sim a minha jornada e história de transformação. Mostro como eu consegui chegar aonde cheguei, conquistando autoridade e me tornado uma referência como consultora de liderança. Sigo impulsionando negócios femininos, inspirando outras mulheres a acreditar no seu poder individual e a conquistar sempre mais. Venha viver a essência da liderança transformadora. Eu espero você no próximo Café com Elas!

“

Érika Vasconcelos

A liderança transformadora começa pela decisão que você toma hoje; portanto, comece agora o seu futuro de sucesso.

”

Gabriela Bortoloso

Sou Gabriela, esposa do Jhonathan e mãe da Valentina. Minha jornada foi marcada por desafios, aprendizados e transformações que me fizeram enxergar a importância do autoconhecimento e da resiliência, e compreender que o verdadeiro sucesso não está apenas nas conquistas materiais, mas na maneira como nos sentimos internamente. Aprendi que a mente tem um poder incrível e que, ao reprogramarmos nossos pensamentos e crenças, podemos transformar nossa realidade. Sou empresária e atuo no ramo da moda e do *marketing*, mas minha missão vai além dos negócios. Busco impactar pessoas, inspirando-as a se reconectarem com sua essência e a descobrirem seu verdadeiro potencial. Acredito que cada um de nós tem dentro de si a chave para o sucesso.

gabibortoloso_

+55 (45) 99825-1392

CÓDIGOS EMPRESARIAIS

12

CÓDIGO DO SUCESSO: A CHAVE ESTÁ EM VOCÊ

Por Gabriela Bortoloso

A vida é uma montanha-russa quando não compreendemos o nosso propósito neste mundo. Em muitos momentos, me sentia deslocada, me questionava se estava tentando ser quem não sou, ou tentando descobrir quem realmente sou. Essa pergunta me acompanhou por muito tempo. Vivemos no automático, sem perceber nossos próprios sentimentos: acordamos, escovamos os dentes, tomamos café, levamos os filhos para a escola, trabalhamos, almoçamos, voltamos a trabalhar, vamos para casa, organizamos tudo para o dia seguinte e repetimos esse ciclo incessante. E para quê? Para conquistar bens materiais, como carro, casa, e, assim, nos sentirmos completos, certo?

Eu vivi assim por anos, sem compreender meus sentimentos. Fomos criados para reprimi-los; não tentávamos compreender o que sentíamos, tampouco nos ensinavam a lidar com isso. A autopercepção não fazia parte da minha realidade; eu apenas existia.

Com 18 anos, conheci meu esposo; namoramos por sete meses, noivamos e, cinco meses depois, descobri que estava grávida. Foi um misto de emoção, medo e incertezas. Eu era jovem, sem experiência e havia acabado de perder o emprego. Fomos morar com minha sogra, pois apenas meu marido trabalhava.

Comecei a buscar formas de ter uma renda extra e passei a ajudar na empresa da família, que trabalhava com propaganda off-line. Como era a mais nova, vi uma oportunidade e comecei a explorar o *marketing* digital, criando postagens e vídeos, aprendendo a mexer em todas as ferramentas pelo YouTube. Quem quer faz acontecer, independentemente das circunstâncias.

Trabalhei até o final da gestação e, em 17 de outubro, minha filha Valentina veio ao mundo e transformou minha vida. É um sentimento tão grandioso, pois agora eu tenho um ser que depende de mim — e sempre queremos proporcionar o melhor aos filhos —, mas, naquela época, eu estava desestruturada e cheia de desafios internos. Esse período me levou a uma depressão pós--parto avassaladora. Chorava sem motivo, minha filha não dormia, e eu não conseguia oferecer a paz de que ela precisava. Foi quando compreendi que o verdadeiro amor da minha vida era eu mesma; e se eu não estivesse bem, não conseguiria cuidar de quem estava ao meu redor. Foi um processo longo, mas sempre em busca de algo a mais.

Quando Valentina tinha um ano e oito meses, surgiu a oportunidade de termos nosso próprio empreendimento físico. Eu, minha mãe e minha irmã entramos de cabeça em um novo empreendimento, no mundo da moda íntima sem experiência alguma, apenas coragem. O nome da loja era: "Vallen Intimates — Você é o amor da sua vida".

No início, tudo foi desafiador, mas persistimos. Cinco meses depois, veio a pandemia, as portas fecharam, as incertezas se alastraram, as contas se acumularam, e a ansiedade me dominou. Vi-me com vários problemas de saúde, e muitas vezes precisava ir ao hospital aliviar as dores com injeções. Foi quando comecei a procurar ajuda, e descobri que todas as minhas dores eram emocionais. Então, busquei entender mais sobre cada órgão, o que cada um refletia em nossa vida, para, assim, começar a mudar. Foram anos para compreender e tomar consciência de como deveria agir diante de cada situação. Nossa mente e corpo precisam estar conectados.

Minha irmã decidiu seguir outra carreira, minha mãe passou a trabalhar menos, e eu me vi sozinha com a responsabilidade de dar conta da loja. Perdi as marcas que trabalhavam conosco, pois não conseguia honrar os pagamentos. Porém, sempre lá no fundo, havia uma força maior que não me deixava desistir. Ainda assim, muitas vezes, a minha única vontade era entrar em um quarto escuro, me sentar e não sair mais; eu me perdia dentro de mim, eu não sabia onde estava, o que estava fazendo; eu só existia.

Sentia-me perdida, por não conseguir compreender qual o meu verdadeiro propósito, e quando estamos sem propósito, nos sentimos sem direção, sem entusiasmo. O propósito é como uma bússola, que nos dá a direção que devemos seguir, nos motivando a sair todos os dias da cama. Vivi perdida durante cinco anos, mas eu procurava algo; não sabia o que era, só sabia estava dentro de mim. Eu queria algo mais, e não desisti, persisti e continuei.

A vida sempre nos dá escolhas: podemos subir um degrau ou retroceder. Eu queria salvar o investimento e tentei de tudo. Foi então que surgiu a oportunidade de montar uma agência de *marketing*, com um sócio. Era uma área que eu amava. Montamos um escritório nos fundos da loja e começamos a estudar estratégias. Coloquei a loja à venda e decidi focar na agência. No entanto, um ano se passou sem surgir um comprador. As incertezas aumentavam e me questionava, perguntando a Deus: "Quem sou eu? Qual é o meu propósito?". Minhas crises aumentavam, e minha busca por respostas também. Já havia visto três situações em que outros lojistas conseguiram vender seus negócios, e eu não conseguia por quê? Já começava a achar que o problema era comigo, que estava fazendo algo de errado. Todos os dias, com o coração cada vez mais apertado e buscando por respostas, elas começaram a aparecer.

Uma manhã, acordei com o coração mais pesado. Após deixar minha filha na escola, fui para a loja, entrei, e comecei a chorar; uma dor tomava conta do meu coração. Naquele momento, dobrei os meus joelhos e comecei a conversa com Deus: "Pai, o que o Senhor quer de mim? Eu não aguento mais! Qual o meu verdadeiro propósito? Eu quero cumprir, eu estou pronta!". Lembro o quanto meu coração ficou aliviado. Voltei para meus afazeres e, no fundo, sabia que Deus já havia preparado tudo, bastava acessá-lo!

No mesmo dia, meu sócio chegou e disse que gostaria de conversar comigo. Eu jamais achei que seria algo relacionado com a minha oração. Fui até o escritório, e no meio da nossa conversa ele me disse: "Gabi, Deus falou comigo esta manhã. Ele quer que você descanse seu coração, você é mais forte do que pensa. Ele gostaria que você se visse como Ele te vê".

Essa mensagem me tocou profundamente, e percebi que Deus estava comigo, que tinha algo a mais que precisava entender. Eu amava tudo que estava fazendo, sabia que o meu propósito era muito maior do que eu imaginava.

Então, mergulhei no autoconhecimento e compreendi que o maior sucesso da minha vida sou eu. Quando você se alinha com sua essência, tudo flui de forma extraordinária. Você continua caminhando, e as coisas vêm até você ou você será direcionada até elas. Alguns dias se passaram, e um amigo me presenteou com uma imersão para empreendedores em São Paulo. Foram três dias que acenderam minha chama interior. Eu tinha mais convicção que tudo era possível. Passei a me conectar com pessoas que impulsionavam meu crescimento; afinal, somos a média das cinco pessoas com quem mais convivemos.

Percebi que mente e corpo precisam estar alinhados.

- **Mente:** pensamentos.
- **Corpo:** sentimentos.

Quando você se alinha com seu eu, você se conecta com Deus e passa a ter uma sensibilidade para ouvi-lo. Somos a imagem e a semelhança de Deus. Tudo já está preparado para nós, basta caminharmos. Vou compartilhar os hábitos que mudei e que começaram a trazer resultados reais em minha vida.

- Comecei a treinar meu corpo, indo à academia, mesmo quando não queria.
- Li livros, ouvi audiolivros, assisti cursos e deixei de perder tempo com distrações.
- Caminhava e refletia sobre minha vida.
- Após meses nessa rotina, entendi que minha mente é um sistema e posso reprogramá-la como quiser.
- Comecei meditações para viver o presente. Minha ansiedade começou a diminuir, porque parei de viver no futuro.

Com o tempo, aprendi a moldar minha identidade, transformando hábitos, crenças e minha visão sobre o que realmente importa. Alterei os paradigmas que me paralisavam e alinhei o que gostava de fazer com o meu propósito, estabelecendo em minha mente a imagem clara do que queria; assim, comecei a atrair coisas para mim, e avancei. E digo isto com convicção: participar deste livro não estava nos meus planos, mas um dos propósitos que havia alinhado era ajudar pessoas através da minha história, e o livro veio até mim, e está chegando em lugares que eu jamais imaginei. Eu consegui; você conseguirá também!

Eu alinhei meu propósito em todas as áreas da minha vida. No fim das contas, não vendi a loja, mas realinhei meus propósitos com essa empreitada. Estamos tirando do papel um projeto que ajuda mulheres a conquistarem sua independência financeira, oferecendo suporte emocional e profissional, para que compreendam que elas são o amor da vida delas. Na agência de *marketing*, nós trabalhamos a essência de cada negócio, conectando-os ao público certo. Mais do que vender, entendo que meu propósito está em transformar vidas.

E quero compartilhar na prática o que fiz para alterar meus paradigmas, e o que me ajudou a virar a chave do sucesso e perceber que o segredo estava em mim mesma. O livro *Quebrando o hábito de ser você mesmo*, de Joe Dispenza, foi um divisor de águas na minha vida, e me fez compreender algo fundamental: a mente consciente e a mente subconsciente moldam nossa realidade. A mente consciente é responsável pelas nossas decisões do dia a dia, enquanto a subconsciente armazena crenças e hábitos. Se queremos mudar nossa vida, precisamos reprogramar nossa mente.

- **Observe seus pensamentos:** identifique padrões negativos e substitua-os por crenças fortalecedoras.
- **Repetição positiva:** use afirmações diárias para mudar sua mentalidade.
- Questione sua identidade atual: quem você era até agora? Quem deseja se tornar?
- **Pratique a nova identidade:** visualize-se já vivendo como a pessoa que deseja ser.
- **Crie uma prática de meditação diária:** isso ajuda a reprogramar sua mente subconsciente.
- **Gerencie suas emoções:** substitua sentimentos negativos por gratidão e compaixão.
- **Esteja no momento presente:** evite viver no passado ou no futuro.
- **Seja consistente:** pequenos passos diários geram grandes mudanças.
- **Não desista:** a transformação acontece no processo.

Somos o resultado de nossos pensamentos e emoções. Ao mudarmos nossa forma de pensar e sentir, podemos alterar nossa realidade.

BIBLIOGRAFIA

DISPENZA, J. *Quebrando o hábito de ser você mesmo*: como reconstruir sua mente e criar um novo eu. Porto Alegre: Citadel, 2018.

Gabriela Bortoloso

"O amor da sua vida é você. Entre todos os investimentos, investir tempo e disposição em si mesmo é o mais valioso. A chave está em você!"

Hiago Levi

Sou Hiago Levi, paulistano, formado em Economia e Comércio Exterior, com mais de dez anos de experiência no mercado financeiro. Ao longo dessa trajetória, descobri meu lado empreendedor e, hoje, administro cinco empresas, que vão desde o setor de tecnologia até o setor de bares. Nossa principal empresa movimenta mensalmente mais de 40 milhões em concessão de crédito, impactando milhares de pessoas.

Uma curiosidade sobre mim é que já participei de um quadro de dicas financeiras na TV, compartilhando conhecimento e ajudando pessoas a prosperar. Além disso, sou um apaixonado pela natureza e pelas ciências e, ao lado da minha esposa — carinhosamente chamada de "ruivinha" — e do nosso filho de quatro patas, Aladim, aprendi a valorizar o amor, a parceria e a resiliência.

hiagolevi

HiagoLevi

CÓDIGOS EMPRESARIAIS

13

NETWORKING LIGA: O SEGREDO DAS GRANDES CONEXÕES

Por Hiago Levi

Imagine entrar em uma sala repleta de oportunidades: pessoas de diferentes áreas, negócios inovadores e possibilidades de parcerias surgindo em cada conversa. Esse cenário, comum em eventos de empreendedorismo ou reuniões de investimento, pode parecer apenas uma aglomeração de indivíduos em busca de negócios. Mas, se você olhar mais de perto, verá que aqueles que prosperam são os que enxergam além dos cartões de visita. Eles entendem que o verdadeiro sucesso não está somente no que oferecem, mas em como se conectam com as pessoas ao redor.

A jornada empreendedora muitas vezes começa com um sonho solitário, mas a evolução de qualquer ideia depende também de quem está por perto para potencializar essa visão. Uma rede de contatos sólida atua como um ecossistema, fornecendo recursos, apoio emocional, parcerias estratégicas e aprendizados que só a troca genuína pode oferecer. Esse relacionamento vai muito além das vendas imediatas ou das trocas superficiais; trata-se de construir uma base de confiança mútua que alimenta o crescimento tanto do negócio quanto do próprio empreendedor.

Quando comecei a minha trajetória no mercado financeiro, um dos meus maiores aprendizados ocorreu durante o atendimento a clientes em um banco. Percebi que os números, planilhas e contratos eram apenas parte do processo. O que realmente contava era lembrar o nome de cada cliente, perguntar sobre a família e ouvir suas histórias. A capacidade de entender o outro não apenas consolidava a fidelidade, mas também revelava soluções financeiras mais adequadas para cada realidade. Ao final, esse olhar humano se tornou o diferencial que me permitiu evoluir profissionalmente e conquistar novos horizontes no universo do empreendedorismo.

Na era digital, em que a comunicação ocorre cada vez mais por telas e mensagens instantâneas, paradoxalmente, a necessidade de conexões profundas e autênticas nunca foi tão grande. Este capítulo tem como objetivo convidar você a refletir sobre a importância de construir relacionamentos sólidos e duradouros no mundo dos negócios — e além dele. Exploraremos os benefícios de cultivar uma rede de contatos de valor e, principalmente, apresentaremos o método LIGA (Localizar, Interagir, Gerar valor e Aprofundar), que serve como um verdadeiro mapa para criar laços profissionais e pessoais que podem transformar a sua jornada.

Apesar de toda a tecnologia e de um mundo cada vez mais conectado, muitos empreendedores ainda se veem isolados. É comum acreditar que ter um bom produto ou serviço basta para se destacar, ignorando a importância de nutrir relacionamentos que possam amplificar resultados de forma exponencial. Sem uma rede sólida, perde-se acesso a novas ideias, trocas de conhecimento e contatos estratégicos — fatores essenciais para inovar e manter-se competitivo. Além disso, quem se isola não tem a quem recorrer em momentos críticos, correndo o risco de perder tempo, dinheiro ou até mesmo encerrar o empreendimento.

Não são raros os casos de empresas promissoras que fracassam por falta de divulgação ou de parceiros que facilitem indicações e investimentos. Em todos esses cenários, a ausência de relacionamentos fortes se torna um obstáculo muitas vezes difícil de superar.

Quando o empreendedor não investe na construção de uma rede autêntica, surgem diversas consequências negativas.

1. **Estagnação de ideias:** sem trocas constantes, é fácil cair em uma espécie de "bolha" de pensamentos, o que limita a inovação.
2. **Falta de apoio emocional:** a vida de quem empreende pode ser solitária. Sem contar com uma rede de confiança, cada obstáculo parece maior, e a motivação tende a despencar.
3. **Perda de oportunidades:** muitas parcerias e colaborações surgem por meio de indicações e relacionamentos. Sem isso, o empreendedor deixa de se expor a novos mercados, tecnologias ou investimentos.

4. **Dificuldade em conquistar credibilidade:** além de uma boa reputação, contar com o endosso de pessoas influentes dentro do seu segmento é fundamental. Se ninguém conhece ou confia em você, será mais complexo estabelecer esse respaldo.

Essa somatória de problemas impede o avanço do negócio, por melhor que seja a ideia ou o produto. Em outras palavras, sem conexões sólidas, o empreendedor pode até sobreviver, porém com muito esforço e pouco alcance.

Chegou a hora de entender como fortalecer a sua rede de contatos, superando barreiras e construindo relacionamentos genuínos. Para isso, vamos explorar o método LIGA, sigla que representa os quatro passos fundamentais para construir laços de qualidade: Localizar, Interagir, Gerar valor e Aprofundar.

Localizar

O primeiro passo é saber onde encontrar as pessoas que podem agregar em sua jornada. Isso envolve mapear eventos, cursos, grupos de interesse, redes sociais profissionais e qualquer ambiente em que haja oportunidades de conexão. "Localizar" não se trata apenas de estar presente fisicamente, mas de identificar os espaços certos para encontrar quem tenha afinidade com seu negócio ou com seus valores.

- **Eventos do segmento:** participar de feiras e congressos relacionados ao seu mercado dá acesso a fornecedores, possíveis clientes e até concorrentes com quem você pode aprender.
- **Redes sociais profissionais:** plataformas como LinkedIn, ou até grupos de WhatsApp específicos, são ambientes ricos para interagir com pessoas que tenham objetivos semelhantes.
- **Comunidades e *meetups*:** grupos locais, *coworkings* e associações setoriais facilitam o contato com empreendedores que possam se tornar parceiros ou mentores.

O segredo é não desperdiçar tempo em locais onde não haja sinergia com a sua visão. Foque aqueles espaços em que é mais provável encontrar pessoas que compartilhem interesses e possam se tornar aliados estratégicos no futuro.

Interagir

Uma vez que você "localiza" essas pessoas, é preciso interagir. Essa etapa vai além de simplesmente trocar cartões de visita ou apertar mãos. É sobre iniciar conversas genuínas, demonstrando interesse pelo outro. Pergunte sobre o negócio, os desafios, as motivações, e, principalmente, ouça com atenção.

- **Fuja do *script*:** evite apresentações ensaiadas, que soem artificiais. Seja humano e mostre real curiosidade pelo que o outro tem a dizer.
- **Lembre-se dos detalhes:** chamar alguém pelo nome e perguntar sobre a família ou o projeto mencionado em outra conversa sinaliza que você se importa. Isso gera confiança instantânea.
- **Empatia e escuta ativa:** olhe nos olhos, faça perguntas relevantes e reflita sobre o que o interlocutor diz antes de responder. Aqui, o objetivo é criar um laço pessoal, não apenas profissional.

Essa é a hora de se destacar pela autenticidade. Muitas pessoas estão tão focadas em "vender", que se esquecem de construir conexões humanas.

Gerar valor

O passo mais decisivo para estabelecer um relacionamento sólido é gerar valor antes mesmo de pedir algo em troca. Isso pode assumir diferentes formas: compartilhar um contato importante, oferecer dicas úteis, ajudar a resolver um problema ou, simplesmente, ouvir ativamente quando a pessoa precisa de um ombro amigo. A ideia central é mostrar que você está disposto a contribuir com o sucesso do outro.

- **Proatividade:** ao perceber que alguém enfrenta um desafio, ofereça ajuda sem esperar ser solicitado.
- **Compartilhar conhecimento:** informações de qualidade, *insights* de mercado e orientações práticas podem ser de grande valia para quem está recebendo.
- **Introdução a pessoas-chave:** se você conhece alguém que possa facilitar a vida do seu contato, faça a ponte, demonstrando comprometimento em ajudar.

Quando você se torna uma fonte de valor, as pessoas sentem gratidão e tendem a retribuir no futuro. Dessa forma, cria-se uma rede pautada em confiança mútua, e não em trocas superficiais.

Aprofundar

O relacionamento não termina quando o evento acaba ou quando você conclui a primeira troca de cartões. Para que haja consistência, é preciso cultivar o vínculo ao longo do tempo, independentemente de interesses imediatos.

- **Mantenha contato periódico:** uma mensagem de atualização, um convite para um café ou um simples "Parabéns pelo seu novo projeto!" podem manter acesa a chama da amizade profissional.
- **Celebre conquistas:** reconhecer o sucesso do outro reforça laços e demonstra que você acompanha sua trajetória com interesse e torcida.
- **Resolva conflitos de forma madura:** nem sempre tudo será perfeito. Se houver divergências, trate-as abertamente, com respeito e foco em soluções.
- **Amplie a parceria:** depois de algum tempo, novas ideias e projetos podem surgir. Não hesite em propor colaborações mais profundas que beneficiem ambos.

Essa etapa é crucial para quem deseja não apenas ter uma lista de contatos, mas contar com verdadeiros aliados no meio empresarial. E é nessa constância que se criam laços duradouros, prontos para enfrentar desafios e celebrar vitórias juntos.

Existem laços que vão além do que nossos olhos podem ver, pois conectam corações que se reconhecem na vontade de crescer e transformar. É nessa troca autêntica que encontramos uma energia capaz de impulsionar sonhos e sustentar nossos passos, mesmo nos dias mais difíceis. Quando nos abrimos a ouvir, compreender e compartilhar, criamos um elo que transcende meros acordos de negócios — é uma força que nos move a ser melhores, a colaborar e a ampliar horizontes.

A cada conversa sincera, doamos e recebemos um pouco de nós mesmos; nesse fluxo, germinam ideias que vão mais longe do que jamais imaginamos. Assim, empreender deixa de ser um ato solitário para se tornar uma construção coletiva, em que cada conexão traz uma centelha de esperança, inovação e coragem. Quem cultiva esses vínculos entende que o verdadeiro sucesso não se mede apenas em números, mas na capacidade de unir propósitos e fazer florescer o que há de mais nobre em cada encontro.

"

Hiago Levi

A comunicação genuína nasce quando falamos e o outro sente; para isso, devemos aprender a ouvir com o coração e falar com a alma.

"

J. Rodolfo Grou

Empresário com mais de 25 anos de experiência em estratégia empresarial, cultura e performance humana. Como CEO e fundador do Grupo Trianon RH e Negócios, minha missão é impactar empresas, aumentando seus lucros com o método Ressonância do Sucesso Empresarial. Através dele, integro numerologia, constelação empresarial, espiritualidade no trabalho e bem-estar interno às estratégias, cultura, processos e gestão do conhecimento, independentemente do porte do negócio. Já mentoreei mais de 400 empreendedores, fortalecendo suas empresas e ampliando resultados. Sou formado em Administração (UEM), mestre em Geração e Transferência de Tecnologias e conselheiro empresarial pela Fundação Dom Cabral. Tenho mais de cinquenta qualificações nacionais e internacionais nas maiores escolas de negócios do Brasil e do mundo.

jrodolfogrouoficial
J. Rodolfo Grou

CÓDIGOS
EMPRESARIAIS

14

O FUTURO DO TRABALHO E A GESTÃO EMPRESARIAL

Por J. Rodolfo Grou

Vivemos uma era de macrotransformações sem precedentes no mundo do trabalho. As inovações tecnológicas, a globalização e as mudanças nas expectativas dos trabalhadores estão remodelando as dinâmicas empresariais. Nesse contexto, a gestão empresarial precisa ir além dos métodos tradicionais e incorporar um pensamento sistêmico que valorize as conexões entre pessoas, processos, propósito e necessidade dos clientes.

Nesse novo mundo, precisamos compreender a importância das interdependências dentro das empresas. E considerar a humanização das estratégias e da gestão e a capacitação contínua como essenciais para empresas modernas se tornarem resilientes e perenes.

O pensamento sistêmico complexo propõe que cada organização seja vista como um organismo vivo, onde cada setor, cada indivíduo e cada processo estejam interligados. Mudanças em um departamento podem ter efeitos inesperados em diferentes áreas. Um exemplo é a introdução de um novo sistema de gestão que pode afetar a cultura corporativa, a produtividade e o bem-estar dos colaboradores.

A dinamicidade e a adaptação vêm logo em seguida; organizações operam em ambientes de constantes mudanças. A gestão deve ser capaz de se adaptar rapidamente, considerando que novas interações e desafios emergem o tempo todo.

Diferente do pensamento reducionista, em que cada parte do sistema é analisada separadamente, o pensamento sistêmico complexo observa padrões e tendências que emergem das interações entre os elementos.

Em sistemas complexos, uma ação pode ter efeitos imprevisíveis. Pequenas mudanças podem gerar impactos enormes, e diferentes causas podem levar ao mesmo resultado. Um exemplo seria um problema de comunicação interna que, com o tempo, pode levar a desmotivação, queda na produtividade e até aumento da rotatividade.

Um exemplo prático é a maneira como grandes empresas estão repensando suas estruturas hierárquicas, migrando para modelos mais fluidos e colaborativos, em que a liderança é distribuída e as decisões são tomadas com base na inteligência coletiva.

Outro aspecto relevante do pensamento sistêmico complexo é a necessidade de um olhar para o impacto social das decisões empresariais. A responsabilidade socioambiental deve ser parte essencial da cultura corporativa, reconhecendo que empresas não operam isoladamente, mas dentro de um ecossistema que precisa ser sustentável.

Nos últimos anos, a espiritualidade vem ganhando espaço dentro das organizações como um elemento essencial para a qualidade de vida e o desempenho dos colaboradores. As organizações que reconhecem esse fator percebem que a espiritualidade não se limita a crenças religiosas, mas sim à busca por significado, propósito e conexão com algo maior do que o simples cumprimento de tarefas diárias e o resultado propriamente apresentado. O ambiente de trabalho, nesse contexto, torna-se um espaço onde os indivíduos podem expressar seus valores mais profundos, encontrar sentido no que fazem e fortalecer suas relações interpessoais, performando de maneira genuína e saudável.

O pensamento sistêmico complexo está diretamente conectado à espiritualidade, pois ambos reconhecem que não estamos isolados, mas sim inseridos em um campo de interações e energia. Quando observamos uma empresa sob essa perspectiva, percebemos que cada colaborador, cada decisão e cada processo fazem parte de um fluxo maior, em que as escolhas impactam não apenas os resultados financeiros, mas também o bem-estar e o engajamento de todos os envolvidos.

As empresas que mais prosperam são aquelas que cultivam um senso de propósito coletivo. Em meus mais de 24 anos de experiência, pude acompanhar a evolução de diversas organizações que adotaram práticas como *mindfulness*, *reiki*, liderança assertiva e gestão baseada em valores. Esses elementos trouxeram ganhos significativos não apenas para a produtividade, mas também para a inovação e para a satisfação dos colaboradores.

A espiritualidade no ambiente corporativo também se reflete no desenvolvimento da empatia e da escuta ativa. Quando uma empresa cria espaços onde os colaboradores se sintam valorizados não apenas pelo que produzem, mas pelo que são como seres humanos, ela fortalece o vínculo entre as pessoas e promove um ambiente de colaboração genuína. Isso também se traduz em um maior compromisso por parte dos profissionais, que passam a enxergar seu trabalho como algo significativo e que vai além do simples cumprimento de metas.

O impacto da espiritualidade corporativa também se estende às relações entre liderança e equipe. Líderes que incorporam uma visão mais humanizada e conectada aos princípios do pensamento sistêmico complexo conseguem criar ambientes mais equilibrados, onde a transparência e a confiança são pilares fundamentais. Dessa forma, ao integrar espiritualidade e pensamento sistêmico complexo, as organizações se tornam mais preparadas para enfrentar desafios, garantindo que suas estruturas não sejam apenas produtivas, mas também sustentáveis e alinhadas com as necessidades humanas.

Quando falamos de espiritualidade no trabalho, falamos também de um novo modelo de gestão que busca compreender o indivíduo em sua totalidade. Ele não se resume à busca por resultados, mas à criação de um espaço de pertencimento, crescimento e desenvolvimento integral. A era das empresas que apenas exigem desempenho sem considerar a dimensão emocional e espiritual de seus colaboradores está ficando para trás. O futuro do trabalho exige um novo olhar, mais consciente, mais integrado e, acima de tudo, mais humano.

O futuro das empresas não será definido apenas pela tecnologia, mas também pela maneira como as organizações escolhem integrar essa tecnologia com os valores humanos. As novas gerações de profissionais buscam um equilíbrio entre vida pessoal e profissional, bem como um ambiente de trabalho que ofereça significado e crescimento. De acordo com a Pesquisa Global da Geração Z e Millennials de 2024, realizada pela Deloitte, quase metade dos entrevistados dessas gerações já recusou atribuições ou até mesmo oportunidades de emprego devido a preocupações éticas ou desalinhamento com seus valores pessoais. Especificamente, 50% da geração Z e 43% dos *millennials* recusaram tarefas, enquanto 44% da geração Z e 40% dos *millennials* rejeitaram empregadores por essas razões (DELOITTE, 2024). Isso implica que as empresas precisarão rever seus modelos tradicionais de trabalho, adotando maior flexibilidade, inclusão e bem-estar, a fim de atrair e reter talentos alinhados com um propósito claro e um impacto social positivo.

De acordo com o relatório *Thriving Workplaces: How Employers Can Improve Productivity and Change Lives* (Fórum Econômico Mundial, janeiro de 2025), investir na saúde e no bem-estar dos colaboradores pode gerar até US$ 11,7 trilhões em valor econômico global, evidenciando o impacto direto de ambientes de trabalho que priorizam o equilíbrio e a qualidade de vida. Essa abordagem humanizada e sistêmica não apenas impulsiona a produtividade e a retenção de talentos, mas também permite que as empresas prosperem de forma sustentável e alinhada às reais necessidades da sociedade.

Isso significa também que as empresas precisarão investir em treinamentos que fortaleçam a inteligência emocional e a capacidade de lidar com a diversidade. A cultura corporativa precisará ser mais flexível e aberta para absorver as novas expectativas de um mercado de trabalho cada vez mais dinâmico e interconectado.

No cenário atual, grandes organizações estão adotando modelos de trabalho híbrido e remoto para proporcionar maior autonomia aos profissionais. A humanização também passa pela inclusão e diversidade no ambiente corporativo.

Diante desse contexto, o futuro do trabalho dependerá da capacidade das organizações de equilibrar a eficiência da tecnologia com a necessidade de conexões humanas autênticas. Empresas que conseguirem unir inovação, bem-estar e propósito terão uma vantagem competitiva significativa, garantindo não apenas a retenção de talentos, mas também um impacto positivo na sociedade. Assim, o futuro do trabalho está sendo moldado não só pela tecnologia, mas pela capacidade das organizações de humanizar suas relações e suas práticas de gestão.

A implementação do pensamento sistêmico complexo aliado à espiritualidade é a chave para que empresas prosperem de maneira sustentável e impactem positivamente a sociedade. Essa abordagem permite que as organizações não apenas acompanhem as transformações do mercado, mas também se tornem agentes de mudança para um futuro mais colaborativo, diverso e inovador.

Empresas que adotam essa visão ampliada percebem que a busca por propósito e conexão não é apenas uma tendência, mas uma necessidade fundamental para a construção de ambientes de trabalho saudáveis e produtivos. As organizações que valorizam a inteligência emocional, a diversidade e a inclusão estão mais bem preparadas para atrair e reter talentos, promover inovação e estabelecer relações mais autênticas com clientes e parceiros.

A implementação do pensamento sistêmico complexo aliada à espiritualidade também fortalece a liderança, permitindo que gestores tomem decisões mais assertivas e conectadas com o bem-estar coletivo. Ao cultivar um ambiente de trabalho baseado em transparência, confiança e respeito às interdependências, as empresas se tornam verdadeiros ecossistemas vivos, preparados para enfrentar os desafios do futuro e prosperar de forma consciente e alinhada aos valores humanos.

A pergunta que fica é: sua empresa está preparada para essa nova era?

BIBLIOGRAFIA

DELOITTE. 2024 *Gen Z and Millennial Survey*: Living and working with purpose in a transforming world. New York: Deloitte Global, 2024.

WORLD ECONOMIC FORUM. *Thriving Workplaces*: How Employers can Improve Productivity and Change Lives. Geneva: World Economic Forum, 2025.

“

J. Rodolfo Grou

O futuro do trabalho exige um novo olhar: mais consciente, mais integrado e, acima de tudo, mais humano.

”

Jéssica Haidée

Sou Jéssica Haidée, escolhida e amada por Deus. Sou de Caçador/SC, onde resido com minha linda família: Thiago, com quem estou há dezoito anos, e nosso filho João Matheus.

Sou empreendedora há mais de quinze anos, proprietária de um renomado espaço de beleza, palestrante em temas de empreendedorismo feminino com propósito, e mentora de mulheres. Minha missão é ajudá-las a encontrar seu propósito e empreender de maneira personalizada e autêntica.

Através de minha mentoria, guio mulheres no processo de autoconhecimento, independência e construção de um negócio sólido e bem-sucedido, gerando, assim, realizações pessoais e profissionais para si mesmas, suas clientes e suas famílias.

Meu compromisso é inspirar outras mulheres a prosperarem e conquistarem seus sonhos.

jessica.haidee
jessicahaideementora@gmail.com

CÓDIGOS EMPRESARIAIS

15

PROTAGONISTA: LIDERANDO MUDANÇAS COM PROPÓSITO

Por Jéssica Haidée

Minha paixão pelo empreendedorismo se iniciou por duas vertentes: a inspiração em meu pai, empresário no ramo da indústria, e a vontade de ser independente. Digo que empreendo desde a adolescência, quando fazia pulseiras e brincos personalizados e artesanais e os vendia na escola e no Facebook, mas, como uma bela iniciante, a precificação era feita no olhar e na dificuldade da peça; ou seja, com toda certeza eu levava prejuízo. Ainda assim, eu já estava apreendendo sobre vendas e negociações.

Ao me formar em Nutrição, uma faculdade que não era exatamente minha paixão, me vi presa a um consultório, sem saber muito bem como alcançar pacientes para manter as despesas e ter lucro, pois não havia aprendido sobre *marketing* nem finanças naquela época. Focava muito em estudar, fazer cursos, pós-graduação; pensava que era isso que me traria pacientes. Nesse momento, me vendo sozinha dentro de uma sala, decidi que iria dividir meu tempo entre a nutrição e a maquiagem, que era meu refúgio e amor. Inicialmente, minha ideia era conciliar os dois, para realmente ter uma renda boa o suficiente para passar o mês. Mas algo dentro de mim foi me direcionando para a área da beleza e, sem perceber o tempo passar, de repente já havia aberto meu primeiro espaço e estava crescendo nessa nova área, enquanto minha formação ficou em segundo plano.

Meu foco passou a ser o meu espaço de beleza, e, mesmo de maneira totalmente despreparada, eu consegui tocá-lo e alcançar reconhecimento. Sem nenhuma base real em empreendedorismo ou gestão, acabei passando os próximos seis anos "patinando", mas sem desistir. Em 2021, em meio a uma pandemia, foi quando eu dei um passo bastante corajoso, e realmente passei de um espaço com dois profissionais para o meu espaço de hoje, com oito salas de atendimento e onze profissionais. Eu entendi que precisava de muito conhecimento para fazer a gestão e ter reconhecimento. Após diversos desapontamentos, uma depressão profunda, que quase me levou à morte, e vontade de desistir a todo momento, eu comecei a entender que a falta de propósito e autoconhecimento estavam me levando para aquele buraco que parecia não ter fim, onde a minha carreira e minhas conquistas pareciam algo banal, me fazendo até acreditar que ter seguido esse caminho havia sido um erro.

Entender quem eu era e qual minha identidade em Deus foi o primeiro passo para a mudança de realidade. Para isso, precisei me aproximar mais dEle, sair do raso para ir ao mais profundo do meu relacionamento com Ele; e ali me vi totalmente vulnerável, mas pronta para me conhecer e encontrar a Jéssica que Ele queria que eu fosse. Foi um processo longo e dolorido; em meio a isso, passei por diversas crises de ansiedade e dificuldades na minha empresa, mas foi um caminho que eu percorreria mil vezes se fosse preciso para me reencontrar.

Somente após entender quem eu era, pude perceber que algo faria total diferença, tanto na vida profissional quanto pessoal: **encontrar o meu propósito**. Sabe, aquilo que motiva você a acordar todos os dias, e que você faria ou até já faz sem nem pedir nada em troca? É isso! Cada um veio para essa vida com uma missão, um propósito, e ninguém pode cumpri-lo melhor que você. Existem pessoas que empreendem apenas por dinheiro; eu empreendo para me sentir viva e para abençoar a vida de outras pessoas. E é aí que está a diferença! O dinheiro é apenas a consequência de realizar algo com todo seu coração e alma.

Após realmente entender isso, passei a me questionar sobre minhas atitudes; perdi anos tentando alcançar resultados de outros profissionais e me comparando com eles, quando, na verdade, o que eu tinha de mais precioso estava dentro de mim. **A minha essência me torna quem eu sou e é meu maior diferencial.** Ser autêntica me tornou protagonista de um mercado que é supercompetitivo, e me trouxe reconhecimento profissional; assim, pude crescer dez anos em apenas um, parei de "patinar" e minha empresa começou a ser reconhecida.

E o que eu quero dizer com tudo isso?

Você precisa tomar as rédeas da sua vida, se quiser ser um empreendedor de sucesso. E, mais do que isso, não se esqueça de que as pessoas não separam sua pessoa física da jurídica; além de comprar pela emoção, elas compram (ou acabam comprando) mais você do que seu produto. E quando o líder/gestor/CEO deixa de prestar atenção aos detalhes da empresa, começam a ocorrer falhas que podem gerar prejuízos, tanto financeiros quanto de credibilidade. Portanto, criar uma marca forte, que seja reconhecida, gera muito mais trabalho se comparado a ser autônomo.

E é aí que muitos desistem, pois pensam que empreender e se tornar um empresário de sucesso é fácil e rápido. Quem já está nesta área vai responder a mesma coisa: empresário, para que seu negócio prospere, não tem horário, nem fim de semana e muito menos salário no início do processo. Mas para os que não desistem, sabemos o quão gratificante é ver o crescimento, nosso e de nossa empresa; vê-la sendo reconhecida enquanto se mantém autêntica.

Existe um momento na carreira do empresário que ele começa a entender onde estão os pontos cegos que necessitam de atenção, e para adquirir esse *feeling*, é necessário entender sobre todos os processos que são realizados, desde contabilidade e compras de insumo e materiais, até a venda ao consumidor final, seja de serviço ou de produtos. Portanto, estar sempre estudando e se atualizando sobre o mercado e as novidades fará toda a diferença na sua empresa.

O início de um empreendedor se dá no momento em que ele decide empreender e começa a planejar, colocar tudo no papel e pesquisar o mercado, até colocar em prática. Mas o início de uma empresa se dá quando o empreendedor começa a entender que, além desses passos, é preciso seguir parâmetros e regras, para abri-la e mantê-la. E essas burocracias fazem parte da vida do empresário diariamente; portanto, é necessário estar sempre cuidando dos detalhes. Mesmo já tendo uma equipe especializada, eu recomendo que você sempre esteja conferindo os processos, para ficar a par de tudo que está acontecendo.

Profissionais que trazem mudanças para suas áreas de atuação são os que crescem de maneira exponencial; portanto, procure sempre estar um passo à frente da concorrência. Através de pesquisas e realmente estando focado no seu nicho, você consegue trazer para sua empresa novidades de fora, que muitas vezes outras empresas podem até ter visto, mas não acharam pertinentes no momento. Quando estamos totalmente conectados com nossa empresa, conseguimos ver detalhes que fazem a diferença; ao ter coragem de explorar o novo, conseguimos, muitas vezes, dar tiros certeiros que nos farão ter mais resultados e abrirão espaço para novos mercados e produtos. Ao sermos os primeiros a investir em alguma novidade, nos tornamos protagonistas e pioneiros no nosso segmento. Medo não é algo que combina com empreender, pois aquela frase muito conhecida que nos diz para não mexer no time que está ganhando pode muitas vezes nos deixar para trás.

Eu costumo dizer que, principalmente no âmbito profissional, sou uma pessoa com uma coragem absurda, e isso me fez muitas vezes pioneira na minha região, tanto em procedimentos e produtos quanto em mentalidade e empreendedorismo. E com isso veio todo o reconhecimento que tenho hoje, e não só como a "dona do espaço Haidée", mas como a Jéssica Haidée, e isso mudou tudo. Senti-me protagonista da minha vida e me vi conquistando coisas que eu não imaginava poder alcançar tão cedo. Aprender a me posicionar como a profissional que tenho autoridade para ser me ajudou a enxergar as coisas de um lugar diferente, de outro nível, e assim me vi como empresária pela primeira vez.

Quando falamos em protagonismo, você pode pensar que se trata de ser o centro das atenções; porém, não é isso o que quero dizer. Ser protagonista da sua empresa é ter reconhecimento e autoridade; é saber que os outros veem que, por trás da sua empresa, existe você. Isso não acontece da noite para o dia, e não é fácil como muitos falam nas redes sociais. Hoje, estamos passando por uma era digital que nos bombardeia com vidas perfeitas, empresas de milhões por conta de um nome reconhecido, dinheiro fácil e nenhum problema. Mas a realidade pode ser bem diferente. Antes de você alcançar a prosperidade, ser reconhecido e ter uma empresa bem-sucedida, é preciso muito trabalho e dedicação; virão muito erros antes de acertos, principalmente se você decidir começar por conta própria e sem alguém para ser seu mentor e ajudá-lo a iniciar de uma forma mais assertiva.

Com toda a bagagem que esses mais de quinze anos no empreendedorismo me trouxeram — mesmo tendo apenas 34 de idade —, e presenciando muitas profissionais passarem pelas mesmas dificuldades, eu desenvolvi um método para tornar o ato de empreender mais leve: o PRO.PÓ.SI.TO, que além de ter toda a relevância do propósito em si, ainda ajuda a mostrar que caminho seguir e o que precisa de mais atenção nesse momento de medo e incertezas. Para alcançarmos a **PRO**speridade, precisamos de um **PO**sicionamento claro, que deve ser **SI**ngular e autêntico; somente assim iremos nos **TO**rnar a pessoa que Deus nos criou para ser.

Nessa mentoria, abordo muito além da empresa, pois é preciso entender que, se nosso lado pessoal não está em equilíbrio, isso vai refletir no profissional. Então, quando entendemos sobre mentalidade, autoconhecimento, ciclo de prosperidade, tricotomia (equilíbrio entre corpo, alma e espírito) e alinhamento de propósito, conseguimos curar nosso interior para ficarmos aptos a elevar o nível profissional. Somente após essa etapa é que de fato podemos olhar para a empresa.

Para tudo existe um processo, e nosso erro é muitas vezes querer pular etapas que são necessárias para nossa aprendizagem. Ser uma empresária por quase metade da minha vida me trouxe muitos ensinamentos, e diversas surpresas, seja pela idade e inexperiência, seja pela ansiedade e vontade de fazer dar certo. Mas se tem algo que preciso dizer a você, é que desistir não deve ser uma opção; sempre existe como recalcular a rota, e sempre devemos estar abertos a admitir quando fazemos algo errado, para que possamos corrigir o trajeto. O caminho é longo e repleto de obstáculos, mas o que espera lá na frente é tão gratificante, que você vai entender que passaria por tudo novamente para alcançá-lo.

E você, empreende por dinheiro, qualidade de vida e sucesso, ou quer se tornar protagonista e empreendedor com propósito?

Jéssica Haidée

“Viver com propósito deixará você sempre um passo à frente do que irá realizar. Seja você mesmo e não se perca no caminho!”

Jéssica Mendes

Sou Jéssica Mendes, nascida em São Paulo. Minha formação é em Psicologia, com Especialização em Behaviorismo e Testes Psicológicos pela Vetor. Sou Graduada pela MBM Business School em Educação Empresarial. Atuo como empresária, palestrante, especialista comportamental e CEO da Moderna Emprego. Atuo na área de Recursos Humanos há mais de vinte anos.

Para mim, é inspirador compartilhar minha história de superação, mesmo diante de tantos desafios, pois através deles me conectei com o autoconhecimento e o desejo de ajudar a transformar essas experiências em lições valiosas para outras pessoas.

jessicamendes.rh

modernaemprego

Jéssica Mendes

jessica.mendes@modernaemprego.com.br

CÓDIGOS EMPRESARIAIS

16

GESTÃO DE PESSOAS: O CAPITAL HUMANO COMO FORÇA

Por Jéssica Mendes

Investir no capital humano para mim não é apenas uma estratégia de gestão, mas uma atitude ética de reconhecer o valor das pessoas e seu potencial para contribuir com o sucesso das organizações.

Empreendo na área de Recursos Humanos há muitos anos e posso garantir que é uma jornada repleta de oportunidades e desafios. Nesse campo dinâmico, em que as necessidades das organizações e das pessoas evoluem constantemente, as empresas enfrentam uma série de obstáculos que exigem resiliência, inovação e adaptabilidade.

Um dos principais desafios é a constante mudança nas demandas do mercado atual. Com o surgimento de novas tecnologias, o trabalho remoto e a crescente importância de diversidade e inclusão, é fundamental que os profissionais de Recursos Humanos se mantenham atualizados e prontos para se adaptar.

Além disso, os empresários precisam estar atentos à legislação trabalhista e às questões de *compliance*, que estão em constante evolução e mudança, visando, assim, garantir que as práticas de Recursos Humanos estejam em conformidade com as leis, para proteger tanto a empresa quanto os colaboradores.

Apesar desses desafios, o campo de Recursos Humanos oferece uma oportunidade única de gerar um impacto positivo, com coragem, criatividade e uma visão clara. Essa missão é não apenas gratificante, mas também essencial para o sucesso das empresas no mundo contemporâneo. De fato, a minha profissão é a somatória de todos os "perrengues" pelos quais já passei. Tudo o que aprendi e refleti, toda a maturidade adquirida, toda a minha personalidade, a coragem de ser quem eu sou, toda essa bagagem foi revisitada, reformatada e empacotada no modelo de gestão da minha agência. Não tem como falar sobre o capital humano como força sem mencionar a minha história.

Desde cedo, tive que enfrentar grandes problemas. Meu pai tinha uma gráfica em São Paulo e era bem renomado na área; porém, acabou se tornando viciado em drogas e se envolveu com coisas erradas. Como consequência, em 1992, a polícia invadiu minha casa e vi meu pai sendo algemado na minha frente e de toda a vizinhança; ele foi preso por falsificação de dinheiro. No mesmo ano, reprovei no Ensino Médio, e presenciei minha mãe chorando diversas vezes.

Depois de um tempo, meu pai veio a falecer, assassinado, quando eu tinha apenas dezesseis anos. Uma semana antes de sua morte, ele nos visitou na igreja, sendo aquela a última vez que conversamos.

Passamos por muitas necessidades. Lembro-me de que tínhamos um pé de chuchu no quintal de casa, e muitas vezes aquilo era o nosso almoço. Nos fins de semana, visitávamos minhas tias, e era maravilhoso o momento de tomar café à mesa com tanta fartura.

Durante muitos anos, recebemos cestas básicas da igreja que frequentávamos, momento esse que recordo com muito carinho, pois era mágico para nós. Por anos, dependemos da generosidade de outros para termos um lugar para morar.

Durante minha adolescência, minha mãe concluiu o magistério e conseguiu um

emprego melhor como professora, o que finalmente nos permitiu alugar uma casa com dois cômodos. Sempre me recordo de nós três, com minha mãe sempre de joelhos, mantendo uma confiança e fé inabaláveis. Ela frequentemente mencionava que Deus estava preparando o melhor para nós.

Desde o meu nascimento, fui apressada, chegando ao mundo antes dos nove meses. Foram oito dias até minha mãe poder me levar para casa. Aos dois anos, desenvolvi asma, que desencadeou várias outras doenças, como sinusite, bronquite e rinite.

Desde então, passei por períodos de tratamentos e inúmeras visitas ao médico. Durante crises na adolescência, minha mãe me levava nas costas até o hospital, e cada episódio de asma era um "combustível" para continuar lutando pela vida.

Iniciei minha carreira aos dezesseis anos, trabalhando em uma loja de roupas no shopping. Porém, essa não era minha aspiração; sempre desejei atuar na área administrativa, o que exigia estudo. Ao descobrir uma bolsa do Governo (Escola da Família), comecei a trabalhar nos finais de semana para pagar meus estudos em troca de projetos apresentados ao Governo.

O processo era burocrático, mas com muita insistência e sacrifício consegui frequentar a faculdade de Psicologia. No entanto, para estagiar na área, precisei deixar o emprego estável e bem remunerado no shopping. Na vida, muitas vezes abrimos mão de algo para seguir novas oportunidades, e assim entrei na área de Recursos Humanos.

Consegui uma oportunidade através de uma agência de empregos como recepcionista, e simplesmente me apaixonei pela área. Em cinco meses, tive oportunidade de promoção para auxiliar de recrutamento e seleção, e com muita paciência fui obtendo crescimento profissional até chegar na área comercial. Adorei cada aprendizado realizado, e com eles eu tinha cada vez mais certeza de que estava no caminho certo.

Aprendi muito com dois grandes empresários da agência de empregos. Eu creio que Deus os colocou na minha vida de forma providencial e bem pertinho de mim, só para me lembrar de que anjos existem e de que há uma razão por que as pessoas passam por nossas vidas: para nos ajudar a prosseguir e direcionar.

Depois de um tempo, engravidei, e durante a licença maternidade, voltei a trabalhar, mas fui conversar com meu chefe para ficar em trabalho *freelance*; com isso, ele me deu um tempo de uma semana para analisar e me fez uma contraproposta.

Minha empresa nasceu no início de 2013, no decorrer da minha gestação em casa. Adaptei um escritório junto ao *closet* e tenho certeza de que a chegada do meu bebê nesse período foi meu combustível, e continua sendo até hoje. Entre uma reunião e outra, trocava as fraldas, e amamentava sempre com o telefone na orelha; lembro que foi desesperador, mas faria tudo de novo, sem mudar nada. Todas as vezes que olho para meu filho, o vejo orgulhoso da mãe guerreira que tem, sempre torcendo por mim.

Atualmente, insiro no mercado de trabalho mais de vinte mil profissionais por ano, e o sucesso não vem apenas do conhecimento técnico, mas da paixão pelo que faço e da capacidade de entender e apoiar pessoas.

Por toda a vivência adquirida nesse período de vinte anos com o público do mundo corporativo, sempre menciono que a prioridade é investir no desenvolvimento das pessoas, promover uma cultura acolhedora e adaptável e considerar o valor individual de cada colaborador; isso não apenas fortalece a organização, mas também cria um ambiente onde todos possam prosperar. O futuro das organizações está cada vez mais ligado à habilidade das lideranças em enxergar e valorizar suas equipes e colaboradores.

Acredito que uma empresa com o capital humano forte é mais capaz de se adaptar a mudanças externas, como crises econômicas ou outros fatores imprevisíveis. Colaboradores bem treinados e motivados são fundamentais para uma organização resiliente, com foco em uma cultura forte e positiva que valorize a diversidade e a inclusão.

Um dos pilares da gestão de pessoas com foco em capital humano é o investimento em desenvolvimento e capacitação. Programas de treinamento e desenvolvimento são fundamentais para garantir que os colaboradores estejam equipados com as habilidades necessárias para enfrentar os desafios do mercado. As empresas devem oferecer oportunidades de aprendizagem contínua, que podem incluir *workshops*, cursos on-line e mentorias. Quando os colaboradores percebem que a organização se preocupa com seu crescimento, isso fortalece o vínculo com a empresa e aumenta a retenção de talentos.

Outro aspecto importante é o impacto na cultura organizacional. Colaboradores engajados, que se sentem valorizados e que têm oportunidades de desenvolvimento, tendem a contribuir para um ambiente de trabalho positivo. Isso resulta em maior colaboração, moral elevada e, consequentemente, melhores resultados. Uma cultura organizacional forte, sustentada por um capital humano robusto, é um fator crítico para a retenção de talentos e a atração de novos profissionais.

Como especialista na área de tarefas administrativas — como recrutamento, *onboarding* e gerenciamento de folhas de pagamento —, entendo que é necessário que os profissionais de Recursos Humanos se concentrem em atividades mais estratégicas. Isso reduz o tempo gasto em tarefas manuais e minimiza erros, aumentando a eficiência geral da equipe.

O mercado de trabalho atual disponibiliza plataformas de *e-learning* e cursos on-line, oferecendo oportunidades de treinamento flexíveis para os colaboradores. Essas ferramentas permitem que os funcionários aprendam no seu próprio ritmo e acessem conteúdos de qualquer lugar, promovendo o desenvolvimento contínuo e a atualização de habilidades.

Sistemas de *feedback* contínuo e de avaliação de desempenho digital facilitam a comunicação entre colaboradores e gestores. Isso permite um acompanhamento mais regular e eficaz do desempenho, promovendo uma cultura de melhoria contínua e alinhamento de expectativas.

Na minha empresa, adotamos uma abordagem pioneira ao integrar o empreendedorismo em nossas práticas de RH, com foco em potencializar a alta performance do time. Essa visão tem sido fundamental para enfrentar desafios, promover a inovação e garantir que a gestão de pessoas esteja alinhada com os objetivos estratégicos da empresa.

Posso afirmar que capital humano é uma força poderosa que pode transformar organizações e sociedades. Ao reconhecer e investir nas habilidades e conhecimentos das pessoas, é possível criar um ciclo virtuoso de inovação, produtividade e desenvolvimento. A valorização do capital humano não é apenas uma estratégia inteligente; é um imperativo para o sucesso e a sustentabilidade em um mundo em constante mudança.

Jéssica Mendes

“Amo desenvolver pessoas e acredito que todo mundo tem a capacidade de evoluir e conquistar o que deseja.”

Juliana Anhaia

Sou Juliana Anhaia, gaúcha de Porto Alegre. Além de mãe e esposa, sou uma empresária, líder e mentora apaixonada por liderança servidora e pelo desenvolvimento de equipes. Ao longo dos meus quinze anos de jornada como empreendedora e gestora, aprendi que o verdadeiro poder da liderança está em servir aos outros e ajudá-los a crescer. Minha trajetória de muitas lutas sempre teve uma visão clara: transformar desafios em oportunidades e pessoas em líderes. Acredito que o exemplo é o maior guia, e busco, todos os dias, inspirar e capacitar minha equipe a alcançar resultados extraordinários através da empatia e da colaboração. Minha missão é empoderar mulheres e líderes, mostrando que, juntas, podemos transformar qualquer realidade.

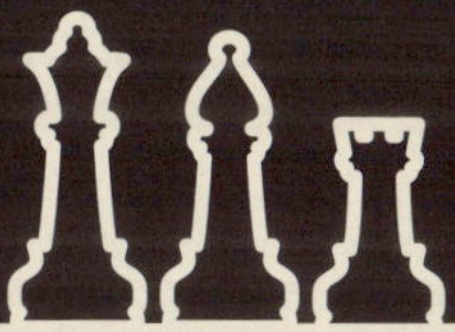

julianaanhaiaoficial

+55 (51) 99724-8443

julianaanhaia

dualizecodigital@gmail.com

CÓDIGOS EMPRESARIAIS

17

O CÓDIGO DA LIDERANÇA SERVIDORA

Por Juliana Anhaia

O chamado da transformação

O ouro não nasce pronto, ele precisa passar por um longo processo de refinaria, para que, só depois, possa brilhar.

Quantas vezes disseram que você não era capaz?

A primeira vez que isso aconteceu comigo foi no universo acadêmico. Era uma atividade comum da disciplina de Escrita Criativa, da faculdade de Letras. Peguei o papel e a caneta e as ideias fluíram naturalmente como se estivessem ali apenas esperando pelo meu chamado. Sempre amei as letras, escrever um conto era um fascínio para mim. Ao terminar, senti orgulho da minha obra, senti que tinha construído um texto fantástico e genuinamente meu. Mas a reação do meu professor não foi a que eu esperava. Quando chegou a minha vez, ele me olhou, franziu a testa com ar de desdém e questionou:

"Quem escreveu isso?" — perguntou, segurando a minha atividade com a pontinha dos dedos, muito surpreso com o que tinha acabado de ler.

Por um momento, cheguei a pensar que fosse um elogio, mas não. O que ficou claro era que ele queria dizer: "Você não pode ter escrito algo tão bom! Você não costuma ler suas obras em sala de aula, e sua aparência não é condizente com o perfil de quem escreve tão bem assim".

Aquela fala me atingiu como um golpe, senti um nó na garganta e o sangue ferveu. Como assim, eu não poderia ter escrito aquele conto?

Naquele momento, eu percebi algo que mudou a minha percepção das coisas para sempre: a maioria das pessoas só acredita naquilo que elas já viram antes. Elas não estão preparadas para o inesperado. Ali, eu decidi que nunca mais ninguém diria o que eu poderia ou não ser.

Assim como na escrita, em que é preciso ousar para criar algo genuíno e notável, a liderança também exige atravessar o fogo da transformação. O ouro, antes de brilhar, precisa ser refinado através de um processo chamado alquimia. Da mesma forma, o verdadeiro chamado da liderança servidora acontece quando você para de esperar validação e começa a buscar seus resultados, vislumbrando o impacto positivo que sua ação pode gerar.

A matéria bruta: quebrando mitos da liderança

"Você nunca vai passar de copeira de estimação".

Essas palavras ficaram ecoando na minha cabeça na semana em que fui promovida de recepcionista para auxiliar de RH. Eu estava empolgada com a possibilidade de aprender e poder mostrar o que era capaz de fazer; porém, nem todo mundo me via dessa forma. Para o diretor financeiro da empresa, eu não passava de uma reles copeira sem futuro, destinada a servir café e chá para o resto da vida.

Naquele momento, eu tinha duas opções: acreditar nele ou acreditar em mim.

Esse episódio foi meu primeiro contato real, no mundo corporativo, com a matéria bruta da liderança. Foi nesse instante que eu constatei que, antes de me tornar líder, teria que desconstruir algumas crenças limitantes, não apenas as dos outros, mas, sobretudo, aquelas que estavam dentro de mim. Essa etapa, dentro do processo de alquimia, se chama nigredo — a fase da destruição da matéria antiga para que esta possa dar lugar ao novo. É o momento de encarar a verdade e aceitar que, para evoluir, antes é preciso ingerir altas doses de autoconhecimento, eliminando então aquilo que nos bloqueia e nos impede de crescer. Somente ao aceitar o processo de transformação pude me libertar para me transformar na líder que sou hoje. Naquela mesma empresa em que duvidaram de mim, eu consegui crescer, chegando a atingir o cargo máximo de diretora administrativa.

O fogo da transformação: liderança pelo exemplo

Se teve um momento que poderia ter me feito pensar em desistir, esse momento foi quando duvidaram de mim. Depois de tanto esforço, eu me aproximava do meu propósito de liderar pessoas em uma oportunidade que me permitiria crescer profissionalmente.

Mas aquela fala cheia de desdém e preconceitos se repetia: "Ela nunca vai passar de copeira de estimação da diretora".

Ouvir isso do administrador financeiro da empresa, alguém com um papel que deveria liderar, motivar e inspirar, foi um choque. Ele reduziu todo o meu potencial ao papel de "servir café". A questão é que ele não estava apenas me diminuindo, ele estava testando a minha capacidade de ser resiliente. E foi exatamente aí que percebi: o que as pessoas dizem sobre você não define quem você é, muito menos aonde você irá chegar. Tudo depende de como você reage ao que elas dizem.

O fogo da liderança: quando você é testado, você se fortalece

Se tem algo que diferencia um líder comum de um líder servidor é com certeza a forma como ele enfrenta e supera os desafios.

Assim como no processo de alquimia, em que o fogo queima as impurezas e fortalece o que é valioso, na jornada da liderança, as provações servem para eliminar aquilo que não presta e revelar a verdadeira força que detém um líder.

Eu poderia simplesmente ter acreditado naquela frase, aceitado o rótulo da derrota e me acomodado. Mas, ao invés disso, usei aquele fato como combustível para a minha superação, tomei-o como um desafio e busquei diariamente vencê-lo.

O fato é que toda adversidade tem dois lados. E quem escolhe qual lado usar é você. Ou você usa como fardo ou como trampolim. Ou você assume o papel de vítima ou de protagonista. James Hunter, em *O monge e o executivo*, fala sobre a diferença entre autoridade e poder. James explica que o poder pode ser imposto por meio de um cargo, mas a verdadeira liderança não vem da posição ocupada. A autoridade, por outro lado, é conquistada através do respeito, do serviço e da influência genuína sobre as pessoas.

Ao longo da minha vida profissional, observando alguns líderes extraordinários, concluí que a forma como serviam aos seus liderados fazia com que fossem verdadeiros exemplos daquilo que esperavam da equipe. Em vez de comandar, eles inspiravam. Mas como faziam isso? A resposta é: servindo aos seus liderados.

Agora, antes de seguir, vamos entender um conceito importante, que é o conceito de "servir".

Segundo o dicionário Aurélio, servir significa exercer um papel de auxílio ou utilidade para alguém, trabalhar em benefício de outrem, desempenhar uma função com dedicação e preocupação com o resultado.

No modelo de liderança servidora, servir é um ato de fortalecer o time, capacitando e proporcionando um ambiente onde as pessoas possam crescer e entregar o seu melhor, "servindo" como canal de transformação.

Se eu puder inspirá-lo a viver a liderança servidora na prática, vou lhe dar alguns conselhos.

- Se você quer que seu time entregue comprometimento, seja comprometido.
- Se quer que sejam leais a você e à empresa, pratique lealdade.
- Se você quer que eles façam mais do que o combinado, faça isso primeiro.

Um verdadeiro líder servidor deve encontrar o ponto de equilíbrio entre força e vulnerabilidade, firmeza e empatia. Acredite, ser forte e resiliente não significa ser alguém que não se abala por nada, mas sim ser alguém que, não importa quantas vezes caia, sempre consegue se levantar e tentar de novo.

Criando uma cultura inspiradora

Uma equipe leal e comprometida não nasce pronta. Ela é construída todos os dias pela forma como você decide, se posiciona e lidera.

Ao longo de mais de quinze anos liderando pessoas, entendi que a cultura de uma empresa não pode ser apenas um quadro na parede ou um *script* de valores num *website*, pois a verdadeira cultura é construída diariamente através de ações e comportamentos.

Para mim, existem três pilares fundamentais para uma liderança assertiva e bem-sucedida:

<u>Pilar 1: comunicação clara e assertiva</u>

Liderar não é sobre subir o tom de voz, tampouco falar excessivamente. É sobre garantir que a sua mensagem seja compreendida efetivamente. Há casos de times inteiros que vivem em conflitos porque cada um interpreta a mesma mensagem de uma forma diferente.

A regra da comunicação é clara: explique do zero, sem pressupor o que deve ou não ser óbvio; valide o entendimento por meio de ações práticas, como uma simples pergunta: "O que você entendeu do que eu expliquei?", e repita, quantas vezes for necessário, até que a validação encontre o ponto que sua mensagem pretende atingir. Quando você ocupa o papel do líder, a sua comunicação não pode falhar.

Pilar 2: motivação e inspiração pelo exemplo

As pessoas não seguem orientações, palavras e manuais. Elas seguem ações práticas e exemplos concretos. Na prática, se o líder exige comprometimento, mas é o primeiro a fugir da responsabilidade ou age com desinteresse no resultado, a equipe tende a reagir de acordo com esse padrão de comportamento, e o líder fica desmoralizado perante o time.

A chave da liderança servidora está em não apenas delegar, mas também equilibrar orientação com envolvimento e fazer o time entender que líder e liderado estão juntos no mesmo propósito.

Pilar 3: comprometimento e lealdade

Por que bons talentos vão embora?

Muitas empresas e líderes acreditam que altos salários são o suficiente para reter bons talentos. No entanto, a verdade é que dinheiro não compra pertencimento. Se a cultura da empresa não inspira confiança e reciprocidade, não adianta oferecer bons salários. Na minha trajetória profissional, aprendi que colaboradores não ficam em empresas ruins por bons salários; enquanto, por outro lado, bons talentos decidem permanecer, mesmo por salários menos atrativos, porque enxergam possibilidade de crescimento, valorização e propósito ao lado de líderes que os impulsionam a ser a cada dia versões melhores de si mesmos.

Como construir equipes leais?

Busque comprometimento e lealdade desde o processo seletivo. Não busque o candidato tecnicamente perfeito, busque aquele que tenha o comportamental mais compatível com os valores da sua empresa, e treine o aspecto técnico. Forneça *feedbacks* construtivos, reforçando a confiança deles no próprio potencial e na importância do seu papel na empresa. Pratique escuta ativa diariamente.

E, finalmente: grandes líderes não constroem impérios sozinhos; eles inspiram e impulsionam pessoas a crescer junto com eles.

BIBLIOGRAFIA

FERREIRA, A. B. H. *Novo Dicionário Aurélio da Língua Portuguesa*. Curitiba: Positivo, 2022.

HUNTER, J. C. *O monge e o executivo*: uma história sobre a essência da liderança. Rio de Janeiro: Sextante, 2004.

JUNG, C. G. *Psicologia e Alquimia*. 3. ed. Petrópolis: Vozes, 2014.

Juliana Anhaia

"Onde dizem ser impossível, haverá sempre um caminho para liderar."

Leonardo Polli

Sou Leonardo Polli. Graduado em Engenharia Elétrica e pós-graduado em Administração de Empresas, com uma carreira de mais de dezessete anos na área da construção civil, e atuação em alvenaria, terraplenagem e telecomunicações. Empreendo há mais de seis anos no setor das energias renováveis por meio da Fate Energy – Energia Solar Fotovoltaica — e da CarregaEVai — empresa especializada em estações de recargas rápidas para carros elétricos.

Sou, também, um dos organizadores da Liga do Conhecimento, movimento filantrópico de empreendedorismo e *networking*, e atual presidente do Conselho de Administração da Fábrica de Inovação de Limeira, associação que tem base na tríplice hélice, unindo o poder público a instituições de ensino e empresas, para inovação e melhoria contínua na vida das pessoas e na nossa sociedade.

leopolli

+55 (19) 98286-8468

Leonardo Polli

leo.polli@yahoo.com.br

CÓDIGOS EMPRESARIAIS

18

TODOS SOMOS UMA MARCA

Por Leonardo Polli

A importância da marca no crescimento empresarial

Quem é você?

Essa, talvez, seja uma pergunta simples — mas, com certeza, é uma das perguntas mais importantes que devemos nos fazer, desde pequenos. E não vale respondermos com "eu sou um engenheiro(a), um médico(a), um vendedor(a) ou um analista". Isso são suas atividades profissionais, seus cargos, e eles são passageiros. Mas é natural respondermos dessa forma, pois, no fundo, a maioria das pessoas não sabe quem realmente é. E a jornada de descoberta do eu pode levar anos — talvez, até décadas — para estar completa.

Quem você é faz parte da sua essência, e a sua essência traz toda uma história, que deve ser contada. Desde a época das cavernas, o ser humano sempre foi apaixonado por histórias — e, naquele período, se reuniam ao redor de fogueiras para contá-las. O mundo sempre foi movido por histórias, e quem sempre se destacou foram as pessoas que as contavam; basta analisar os tempos atuais e ver que, na última década, muito por causa do crescimento constante da criação de conteúdo, os produtos e serviços mais vendidos são de marcas que vão além da mercadoria – aquelas que contam histórias.

Da mesma forma, são as pessoas contadoras de histórias que mais impactam e mais vendem — e, aqui, eu me coloco como um exemplo.

Comecei a empreender com 23 anos no setor de energia solar fotovoltaica, por meio da Fate Energy. Com a empresa efetivamente aberta, eu demoraria meses até fechar o primeiro contrato — ou seja, a primeira venda —, pelo simples fato de eu nunca ter vendido nada antes disso. Demorei para entender o porquê de isso acontecer e, após muita reflexão, entendi que as pessoas às quais eu estava apresentando as propostas e buscando fechar os primeiros contratos estavam me colocando na mesma "caixinha" dos concorrentes — me olhando, olhando para meus serviços e produtos, apenas pela ótica do preço.

Depois de muito estudo, através de livros, vídeos no YouTube e, também, através de conexões que fui criando com o passar do tempo, aprendi que o maior poder do mundo é o poder da comunicação — e, consequentemente, o poder de contar histórias. E qual a melhor história que podemos contar que não seja a nossa própria história?

Após conquistar os primeiros clientes, passei a contar mais sobre a minha história de vida, antes de cada apresentação de proposta de energia solar fotovoltaica. Contei toda a minha trajetória: de ter começado a trabalhar desde os 12 anos de idade com meu pai, como ajudante de pedreiro e de pintor; depois, como ajudante de eletricista na Ajinomoto e auxiliar de topografia na Romarello (antiga Marellu); em seguida, auxiliar administrativo e coordenador operacional na Cell Project, e em alguns outros trabalhos que vim a ter, posteriormente, antes de começar a empreender.

A cada parte contada de minha história, eu me tornava algo mais real, algo além de apenas um vendedor de produtos e serviços. Alguém de carne e alma. A partir desse ponto, descobri que meus clientes não estavam mais interessados no que eu vendia — na energia solar fotovoltaica —, mas, sim, na minha história. Claro que o meu trabalho iria continuar sendo interessante para eles, ajudando-os a ter uma vida melhor através da economia na conta de luz ou tendo um conforto maior em suas vidas; porém, esse não era o principal ponto, e sim o quão profunda se tornara a nossa conexão.

A partir dali, eu me tornava algo maior: uma marca. Uma marca além da marca da empresa em si. E é justamente por esse fato que eu venho, de uns anos para cá, falando que não existe venda.

Mas, como assim, não existe venda? Claro que ela continua existindo, mas, com isso, retorno ao ponto inicial desse texto: o de que todos somos uma marca.

Quando falamos sobre o crescimento empresarial, podemos destacar dois tipos de mercado, com base no livro *A estratégia do oceano azul* (2005), escrito por W. Chan Kim e Renée Mauborgne: o Oceano Vermelho e o Oceano Azul.

No Oceano Vermelho, há a competição intensa, representando tudo o que remete a mercados saturados, à ausência de estratégias assertivas e àquilo que mais tememos: a guerra de preços, na qual os clientes sempre buscam o preço baixo, pela falta de valor percebido em nossos produtos e serviços.

Já no Oceano Azul, acontece o contrário; há possibilidades de mercados inexplorados, criação de novas demandas, inovação e diferenciação, em que os clientes passam a olhar para nossas empresas, produtos e serviços com um olhar de valorização. É aí que as nossas vendas aumentam e a nossa empresa cresce. É aí que entra a importância da marca, para fugirmos do Oceano Vermelho e navegarmos através do Oceano Azul, evitando a eterna guerra de preços, na qual a grande maioria de nossos concorrentes estão presos.

Para atestarmos o poder e a importância da marca, basta olharmos para os resultados da Tesla, uma das maiores fabricantes de veículos elétricos do mundo. Elon Musk não foi o fundador da empresa e veio a participar dela a partir de 2004. Até então, as vendas dos veículos da empresa eram inexpressivas. Com o passar do tempo, e com o constante crescimento de imagem e influência de Musk, a Tesla veio alçando voos cada vez maiores, e seus números não mentem isso: em 2018, vendeu mais de 29 mil unidades e, em 2023, mais de 1,8 milhões.

É claro que esses números expressivos não são dependentes apenas da imagem e da influência do empresário visionário, mas é fato que esses fatores impulsionam, e muito, o crescimento, o alcance e o impacto da marca, consequentemente, atingindo cada vez mais um número maior de vendas.

A CIMED, quarta maior indústria farmacêutica do Brasil, segue pelo mesmo caminho. De 2018 para cá, vem aumentando cada vez mais o seu faturamento, ano após ano, também por um motivo principal: João Adibe, atual CEO da empresa. Em 2018, a CIMED faturou R$ 1,8 bilhões de reais e, em 2024, R$ 3,6 bilhões. Muito disso se deve à constante presença do CEO na mídia: nas redes sociais, em podcasts e em eventos. Adibe fez a sua imagem ser maior que a própria empresa e, com isso, alcançou um séquito de pessoas que o consagram como um empresário visionário, principalmente quando o tema é vender e bater metas.

Mediante esses dois exemplos, caro leitor, consegue entender o tamanho da importância de você se tornar uma marca pessoal e expandi-la – uma importância talvez até maior que a marca da própria empresa? Afinal, pessoas compram de pessoas — e pessoas compram pessoas, antes de produtos ou serviços. Quando você tem isso em mente e traça um planejamento estratégico de longo prazo, o resultado não pode ser outro: as suas vendas irão aumentar e a sua empresa irá crescer.

Para que a sua marca faça sentido, você precisa ter missão, visão e valores bem definidos. Muitas pessoas — e até muitos empresários — não têm isso em suas empresas, e acabam não gerando uma identidade que irá se conectar com seus clientes. De forma básica:

- **missão:** é o porquê da existência da empresa. O que ela faz, como ela faz e porque faz;
- **visão:** é onde a empresa pretende chegar a longo prazo. Geralmente, no próximo ano, nos próximos cinco ou nos próximos dez anos;
- **valores:** são os princípios e crenças que norteiam todas as atitudes e a cultura da empresa e de seus colaboradores.

Isso não vale apenas para sua empresa, mas também para você. Como fundador, presidente e/ou diretor, você precisa ter sua própria missão, visão e seus próprios valores — e as pessoas precisam saber disso. Uma coisa que sempre falo é que, hoje, em 2025, qualquer pessoa tem fácil acesso a qualquer produto ou serviço, à distância de alguns cliques no *smartphone*, no *tablet* ou no computador. Ou seja, por que uma pessoa deixaria de comprar de uma empresa concorrente para comprar de você? Quais benefícios o seu produto ou serviço tem a mais que o do seu concorrente?

Aqui vai uma estratégia de três passos para que você aumente a expressão da sua marca, tanto pessoal quanto da sua empresa:

Defina melhor o seu público-alvo

Sabe aquele cliente para quem você manda mensagem e liga incontáveis vezes, mas não tem nenhum retorno? Ele não é o tipo de cliente ideal para você. O seu cliente deve ser apaixonado pela sua marca, ser um fã dela — tenha ele comprado de você ou ainda não. Foque a sua energia em conquistar cada vez mais esse tipo de cliente; assim a sua marca irá se valorizar cada vez mais.

Seja multicanal, mas foque naquilo que dá mais retorno

Por muito tempo, eu acreditei que ser multicanal me traria o melhor resultado na Fate Energy. Investir em contratação de mais vendedores, investir mais em tráfego pago, ter uma página no Instagram rodando postagens todos os dias, entre outras coisas; mas o que mais me deu retorno foi investir em mim mesmo, na minha imagem pessoal. Melhorei a minha comunicação, melhorei o meu vestuário e comecei a frequentar mais encontros e movimentos de *networking*, passando a ter mais contato com investidores, diretores, gerentes e, consequentemente, meu público-alvo.

Claro que ser multicanal é, de fato, importante, e ainda trabalho desta forma; porém, hoje eu invisto muito mais energia naquilo que de fato me traz mais retorno a curto, médio e longo prazo: a minha marca pessoal.

Seja autêntico, seja feliz, seja você

Esteja sempre presente de mente, corpo e alma em qualquer negociação que fizer. A sua energia não mente. Transparência, honestidade e honra à palavra dada é o que farão você expandir seu nome e sua marca no longo prazo — mesmo que isso leve tempo. Uma marca é feita para durar, dado o esforço e o tempo despendidos nela, desde a sua criação.

Além dessa estratégia, garantir a máxima satisfação de seus clientes vai fazer com que a sua marca se perpetue e a sua empresa cresça. Não precisa fazer milagres ou inventar a roda — basta fazer o básico bem-feito. Hoje, no Brasil, carecemos de um bom atendimento e um bom pós-venda, de modo geral. Como há essa lacuna no mercado, em qualquer setor, basta focar nesses aspectos e a sua marca irá expandir cada vez mais.

BIBLIOGRAFIA

KIM, W. C.; MAUBORGNE, R. *A estratégia do oceano azul*: como criar novos mercados e tornar a concorrência irrelevante. Rio de Janeiro: Sextante, 2019.

Leonardo Polli

“Todos nós somos uma marca – mais cedo ou mais tarde, você vai precisar usar isso a seu favor, pois quem não é visto, não é lembrado.”

Marcos Paulo Andrade Jr.

Sou Marcos Paulo Andrade Jr., natural de Vitória da Conquista/BA. Resido em Brusque/SC com minha esposa Sandra Gevaerd Andrade, com quem sou casado há 24 anos, e meus filhos Vitoria Ziz Andrade e Vicenzo João Andrade.

Sou advogado, especialista nas áreas empresarial e tributária, e empresário, CEO do escritório Andrade Jr. Advogados Associados e da Credfacilblack, empresa de soluções financeiras.

Após dezessete anos como associado de um renomado escritório, fundei o meu próprio, que leva o meu nome, e recentemente comecei a empreender no ramo financeiro. Sempre me pautei pelo desafio. Acredito que propósitos claros e definidos são sempre a primeira chave para o sucesso.

marcos_paulo_advogado
credfacilblack_brusque
+55 (47) 99103-4042
marcospaulo@andradejradvocacia.adv.br

CÓDIGOS EMPRESARIAIS

19

RESILIÊNCIA EMPRESARIAL EM TEMPOS DE CRISE

Por Marcos Paulo Andrade Jr.

Introdução

Em um mundo caracterizado por mudanças rápidas e desafios inesperados, a capacidade de adaptação e superação é essencial para organizações que desejam não apenas sobreviver, mas prosperar. O conceito de resiliência empresarial vem ganhando destaque como uma habilidade estratégica indispensável para líderes e equipes.

Afinal, as crises, sejam elas econômicas, sanitárias ou tecnológicas, expõem vulnerabilidades, mas também revelam oportunidades de inovação e crescimento. Este capítulo explora os pilares da resiliência empresarial, destacando estratégias práticas que ajudam as organizações a enfrentarem adversidades com coragem e determinação.

Entendendo a crise

As crises, por sua natureza, são momentos de ruptura e incerteza. Elas podem surgir de eventos internos, como falhas de gestão, ou externas, como pandemias e mudanças regulatórias. Apesar de inevitáveis, as crises oferecem oportunidades de aprendizado e transformação.

Historicamente, a Grande Depressão de 1929 abalou as economias globais, forçando os líderes a reinventarem modelos econômicos. Mais recentemente, a pandemia de covid-19 testou a resiliência das empresas ao redor do mundo, expondo fragilidades e destacando a importância de estratégias proativas.

A percepção da crise é um fator crucial. Enquanto algumas organizações veem adversidades como ameaças insuperáveis, outras enfrentam desafios como estímulos à inovação. Empresas que adotam uma postura adaptativa tendem a encontrar soluções criativas, transformando desafios em trampolins para o crescimento.

Um exemplo emblemático é o Zoom, que ampliou sua presença global durante a pandemia, adaptando-se rapidamente ao aumento da demanda por plataformas de videoconferência. Esse caso ilustra que, em tempos de crise, a resiliência está diretamente ligada à capacidade de adaptação e reinvenção. Entender a crise, portanto, é o primeiro passo para enfrentá-la de forma eficaz e estratégica. Empresas assim demonstram a importância de se reinventar e entender crises como momentos de renovação para prosperar.

Compreender que crises também são oportunidades de renovação que ajudam as organizações a não apenas sobreviver, mas crescer em tempos desafiadores. Este é o ponto de partida para explorar ferramentas e estratégias que favoreçam a resiliência empresarial.

Cultivar a resiliência requer um esforço consciente e contínuo. Primeiramente, é essencial desenvolver uma mentalidade positiva. Isso não significa ignorar a gravidade da situação, e sim buscar um ângulo de aprendizado em cada desafio. Pergunte-se: "O que posso aprender com isso? Como posso usar essa experiência para me fortalecer?". Essa abordagem transforma a crise em uma oportunidade de crescimento. Além disso, a prática da gratidão, mesmo em tempos difíceis, pode mudar nossa perspectiva. Ao focar as coisas pelas quais somos gratos, conseguimos equilibrar a negatividade que uma crise pode trazer.

O papel do propósito

Um propósito claro é uma bússola em tempos de crise, conectando organizações a valores maiores e engajando colaboradores e clientes. Ele transcende metas financeiras, fortalecendo a cultura organizacional e motivando equipes. Refletir sobre o porquê da existência da empresa promove determinação renovada para enfrentar desafios. Ao transformar o propósito em um elemento estratégico, as empresas constroem vínculos mais sólidos com suas equipes e clientes, garantindo não apenas a sobrevivência em crises, mas também o crescimento sustentável.

Planejamento estratégico resiliente

Planejar com resiliência requer flexibilidade e revisões constantes. Empresas que ignoram mudanças se tornam irrelevantes, como ocorreu com a Kodak na era digital. Por outro lado, organizações como a Amazon adaptaram-se rapidamente durante a pandemia, ampliando operações e otimizando logística. Equipes criativas e colaborativas são cruciais para esse tipo de planejamento.

Outro elemento essencial é a formação de equipes resilientes.

Treinamentos que promovem criatividade, resolução de problemas e cooperação preparam os colaboradores para responder de forma ágil e eficaz às crises. Organizações que priorizam o aprendizado contínuo e a inovação constroem bases sólidas para a resiliência.

O planejamento estratégico resiliente é, portanto, uma prática contínua, capaz de transformar desafios em oportunidades e de preparar organizações para um futuro de sucesso.

Comunicação como pilar da resiliência

A comunicação eficaz é um dos alicerces mais importantes para superar crises. Em tempos de incerteza, a clareza e a transparência não apenas fortalecem a confiança, mas também ajudam a manter normas regulamentadas e motivadas.

Internamente, os líderes devem criar espaços para diálogo aberto, incentivando o compartilhamento de preocupações e ideias. Ferramentas digitais, como *intranets* e plataformas de videoconferência, podem facilitar esse processo, garantindo que as informações sejam divulgadas de maneira acessível e consistente.

Uma comunicação eficaz fortalece confiança e engajamento. A resposta da Johnson & Johnson durante a crise do Tylenol é um exemplo clássico. A empresa priorizou a segurança dos consumidores e desenvolveu uma comunicação aberta, salvaguardando sua confiança e reafirmando seus valores éticos.

Além disso, uma comunicação eficaz cria pontes entre equipes e liderança, reforçando a cooperação e promovendo ações homologadas. Um fluxo contínuo de informações, combinado com *feedback* ativo, é a base de uma organização que não apenas enfrenta crises, mas emerge delas mais forte.

Isso significa que os líderes devem estar abertos a receber *feedback* e dispostos a fazer ajustes com base nas sugestões da equipe. Quando os colaboradores percebem que suas opiniões são valorizadas, eles se tornam mais propensos a se engajar e a se comprometer com os objetivos da empresa.

Liderança resiliente

Uma liderança resiliente é um diferencial em tempos de crise. Liderar com estratégias de inteligência emocional, empatia e adaptabilidade permite guiar equipes com segurança e inspiração.

Líderes como Nelson Mandela e Jacinda Ardern exemplificam essas características em suas trajetórias. Mandela, ao liderar a África do Sul em um período de transição, utilizou sua inteligência emocional para unir um país dividido. Sua capacidade de ouvir e entender as preocupações de diferentes grupos sociais foi fundamental para a construção de uma nação mais coesa.

De modo similar, Jacinda Ardern se destacou em sua liderança durante a pandemia de covid-19, utilizando uma comunicação clara e empática que inspirou confiança e cooperação entre os cidadãos. Ambos os líderes demonstraram que a resiliência não é apenas sobre enfrentar desafios, mas sobre como se relacionar com os outros durante esses momentos.

Líderes resilientes não apenas inspiram suas equipes, mas também criam culturas organizacionais que promovem aprendizado, colaboração e inovação.

Saúde mental e bem-estar

As crises não afetam apenas os resultados financeiros; elas impactam profundamente o bem-estar emocional das equipes. O estresse e a ansiedade são comuns em períodos de ansiedade, tornando necessário o cuidado com a saúde mental no ambiente corporativo.

Empresas como o Google implementam programas de bem-estar, incluindo sessões de *mindfulness* e apoio psicológico, que ajudam a manter funcionários motivados e engajados. Cuidar da saúde mental não apenas melhora a produtividade. Organizações que priorizam o bem-estar emocional criam ambientes mais saudáveis e produtivos, transformando o cuidado com as pessoas em um diferencial competitivo.

Conclusão

A resiliência empresarial não é apenas uma habilidade interessante; é um imperativo estratégico. Por meio de planejamento proativo, liderança inspirada, comunicação eficaz e cuidado com o bem-estar, as organizações transformam crises em oportunidades de aprendizado e crescimento.

Empresas resilientes não enfrentam apenas desafios com coragem, mas emergem deles mais fortes e qualificados para o futuro.

É importante lembrar que a resiliência é uma habilidade que pode ser treinada e aprimorada. Assim como um atleta se prepara para uma competição, devemos nos preparar para os desafios da vida. Isso envolve a prática constante de reflexões, a busca por aprendizado e a disposição para enfrentar o desconhecido. Ao cultivarmos essa mentalidade resiliente, não apenas nos tornamos mais fortes, mas também inspiramos aqueles ao nosso redor a fazerem o mesmo.

BIBLIOGRAFIA

CHOUINARD, Y. *Let My People Go Surfing*: The Education of a Reluctant Businessman. London: Penguin Books, 2005.

FERRELL, O. C.; FRAEDRICH, J.; FERRELL, L. *Business Ethics*: Ethical Decision Making & Cases. Independence: Cengage Learning, 2013.

GOLMAN, D. *Inteligência emocional*. Rio de Janeiro: Objetiva, 1995.

HEIFETZ, R.; LINSKY, M. *Leadership on the Line*: Staying Alive through the Dangers of Change. Brighton: Harvard Business School Press, 2002.

KAPLAN, R. S.; NORTON, D. P. *Strategy Maps*: Converting Intangible Assets into Tangible Outcomes. Brighton: Harvard Business School Press, 2004.

KOTTER, J. *Liderando mudanças*: transformando empresas com a força das emoções. São Paulo: Alta Books, 2017.

LEVY, S. *In the Plex*: How Google Thinks, Works, and Shapes Our Lives. Nova Iorque: Simon & Schuster, 2011.

PRUSAK, L. *Working Knowledge*: How Organizations Manage What They Know. Brighton: Harvard Business Review Press, 2000.

PWC. *Pesquisa global de crise 2021*. Disponível em: https://www.pwc.com. Acesso em: 10 nov. 2024.

SIEGEL, D. *The Mindful Therapist*: A clinician's guide to mindsight and neural integration. Nova Iorque: WW Norton & Company, 2012.

SINEK, S. *Comece pelo porquê*: como grandes líderes inspiram todos a agir. São Paulo: Sextante, 2009.

STONE, B. *The Everything Store*: Jeff Bezos and the Age of Amazon. Nova Yorque: Back Bay Books, 2013.

Marcos Paulo Andrade Jr.

“Empresas resilientes não enfrentam apenas desafios com coragem, mas emergem deles mais fortes e qualificados para o futuro.”

Marivaldo Silva

Sou Marivaldo Jesus da Silva. Tenho 48 anos, sou baiano - nascido na cidade de Itaberaba — e atualmente resido em Feira de Santana/BA. Empresário de múltiplos negócios, atuo em diversos segmentos da economia, com experiência mercadológica de mais de trinta anos. Com especialização em Gestão de Empresas e Tecnologia da Informação, venho ampliando meu conhecimento em empreendedorismo ao longo de minha trajetória. Sou um empreendedor norteado por princípios e valores, que ama viver — entusiasta de carteirinha — e é movido pelos desafios, incluindo o de escrever essa coautoria, para, assim, partilhar um pouco de minha vivência, visando contribuir na motivação e inspiração de outras pessoas.

marivaldosilva.oficial

+55 (75) 98858-9318

marivaldo@soutotal.com.br

CÓDIGOS
EMPRESARIAIS

20

ADAPTABILIDADE: SUPERANDO DESAFIOS NO MERCADO

Por Marivaldo Silva

Quando recebi as opções de títulos para escrever este livro em coautoria, senti-me compelido a buscar em minha base de pessoas de confiança qual capítulo teria maior aderência à minha vivência.

Realizei uma enquete e, apesar de algumas pessoas apontarem outros temas, a maioria me fez refletir sobre os desafios que enfrentei em minha jornada de vida, especialmente no tocante às superações no mercado.

Então, mergulhei profundamente em minha trajetória e confirmei como a adaptabilidade sempre foi uma característica essencial em minha vida. Enfrentei diversas mudanças, tanto pessoais quanto profissionais, e superei os desafios com a consciência de que nem tudo foram flores; nem sempre houve acertos. Cometi erros, mas também me adaptei e evoluí ao longo do caminho.

Iniciei minha carreira profissional atendendo clientes de sistemas empresariais e testando *softwares*, até aprender a programar. Foi uma jornada desafiadora, mas que me moldou para atender às demandas do mercado, como um verdadeiro camaleão.

Uma oportunidade me levou a me tornar sócio da empresa em que atuava, algo que abracei com unhas e dentes. Com o tempo, meu sócio saiu, e segui carreira solo. Como a lagarta que se transforma em mariposa, precisei me reinventar. De técnico e programador, passei a atuar na área comercial, algo totalmente novo para mim.

Saber atuar na área comercial não era questão de talento inato; foi fruto de dedicação e aprendizado constantes. Estudei e me capacitei para ser o melhor na função, não apenas por ser dono do negócio, mas por buscar excelência.

Aqui, deixo uma dica valiosa: para crescer na carreira, dedique-se, estude e trabalhe para ser o melhor no que faz.

Com o tempo, desenvolvi habilidades essenciais para entender e atender às necessidades dos clientes, criando confiança e lealdade. A adaptabilidade é uma competência vital no mundo dos negócios.

No decorrer da minha trajetória, pude formar novos talentos e assumir uma posição mais estratégica, focando o monitoramento e a análise do negócio. Sempre busquei delegar, formar pessoas autossuficientes e cercar-me de indivíduos melhores do que eu, capazes de fazer a orquestra maior e mais harmônica.

Um marco foi formar uma pessoa para assumir a diretoria operacional, com a visão de se tornar CEO. Não foi fácil e não houve apenas acertos. Percebi que não eram os melhores currículos que se encaixavam, mas os talentos brutos que precisavam ser lapidados. Apostei em alguém com valores sólidos e grande vontade de vencer. Essa pessoa se tornou a primeira CEO da empresa, permitindo-me alcançar a gestão independente.

Esse processo inicial de adaptação trouxe um propósito maior, que compartilho em outro momento, mas que reforça a importância de se reinventar constantemente.

Com base nessa trajetória, compartilho sete pilares que considero fundamentais para a adaptabilidade.

1) **Foco e constância:** mantenha a atenção em suas ações e propósitos para alcançar seus objetivos pessoais e profissionais.

2) **Resiliência:** ajuste-se às adversidades e desenvolva a capacidade de encontrar soluções, mesmo nas situações mais desafiadoras.

3) **Escuta ativa:** pratique ouvir com atenção, desenvolva a habilidade de encontrar soluções práticas e aplique-as com eficiência.

4) **Enfrente o medo:** use-o como instrumento de proteção, mas não deixe que ele o paralise. Avalie cenários, tome decisões rápidas e assertivas.

5) **Abrace a mudança:** no mundo VUCA (Volátil, Incerto, Complexo e Ambíguo), mudar não é fraqueza, é estratégia. Reinvente-se constantemente.

6) **Visão de oportunidades:** em meio às dificuldades, enxergue possibilidades. Transforme desafios em alavancas para o crescimento.

7) **Cuide da saúde:** não espere o momento ideal para cuidar de si. Pratique atividades físicas e priorize o equilíbrio entre mente e corpo.

E aqui, neste sétimo pilar, começo a compartilhar o meu maior desafio, que foi a adaptação para mudar diante de um grande erro cometido na jornada de vida.

Meu maior desafio de adaptação surgiu ao negligenciar minha saúde. Tornei-me obeso, chegando a pesar 163 kg. Não percebia que, enquanto me adaptava ao mundo externo, esquecia de cuidar do maior patrimônio que possuo: meu corpo.

A obesidade, uma doença reconhecida pela medicina, exigiu que eu me adaptasse novamente. Enfrentei medos, busquei ajuda e iniciei um tratamento multidisciplinar. Não foi apenas sobre emagrecer, mas sobre aprender a me enxergar e me amar. Descobri que me adaptava a tudo, menos a cuidar de mim mesmo. Criei consciência de que estava doente e tinha de me adaptar e vencer, ou recuar e morrer.

Lembrem-se do que falei dos medos: eles existem, mas não me dominam. Não posso parar.

Dediquei a vida a cuidar da família, a me adaptar a ser marido, pai, empresário; enfim, me adaptei nas diversas funções que poderiam me rotular na vida externa, mas esqueci de me adaptar na mais nobre função de ser uma pessoa que se ama.

Esse foi meu maior desafio de adaptação. Busquei ajuda, me internei em uma clínica para tratar obesidade e tive todo apoio multidisciplinar de uma comunidade médica comprometida com a minha melhoria. Ao me tratar, desenvolvi mais fortemente o hábito do trabalho remoto e da gestão à distância.

Nessa caminhada, pude conhecer as mais diversas áreas médicas e fisiológicas importantes para combater essa doença que assola a minha vida, chamada obesidade; porém, sem demérito a qualquer área, vem aqui uma declaração de amor: apaixonei-me pela psicologia e pela terapia ocupacional.

Essa clínica em que fiquei internado depois virou hospital, e durante minha jornada de internação, pude aprender não a emagrecer, mas a me ver; a me enxergar como ser humano; a me amar. Essa foi a maior descoberta da minha vida: ver um ser humano que se adaptou a tudo e a todos, mas não estava adaptado a se amar. Que descoberta!

Mais uma humilde recomendação para você que está lendo: dedique-se a buscar apoio na terapia; faça isso, e com certeza os seus desafios se tornarão mais leves.

Mens sana in corpore sano ("mente sã em corpo são") é uma citação latina, derivada da sátira do poeta romano Juvenal. No contexto, a frase é parte da resposta do autor à questão sobre o que as pessoas deveriam desejar na vida. Portanto, tenha a certeza de que o equilíbrio entre uma mente sã e um corpo são nos possibilita maior potencialidade para adaptabilidade em quaisquer áreas em que somos desafiados, sejam elas pessoais ou profissionais.

Trago aqui para reflexão, uma frase padrão, conhecida por muitos, mas não menos importante: adapte-se ou morra!

Transforme-se, ajuste-se e se reinvente sem temer as mudanças; aja como se o erro não fosse uma opção, mas, caso aconteça, corrija-o imediatamente! Essa abordagem é um dos princípios centrais das *startups*, que seguem a filosofia de: se cometer um erro, corrija-o rapidamente.

Todos teremos a oportunidade de agir, acertar e/ou errar. Para mim, o que importa é quando na balança da vida você coloca os pratos para pesar erros e acertos, e você pode constatar que há mais acertos que erros. E se, porventura, os erros estiverem maiores, faça as ações de transformação e avance rumo aos acertos.

Muitas vezes na caminhada da vida não temos determinadas características necessárias, porém, em função destas ausências, às vezes temos uma tendência a nos limitarmos. Em diversos momentos, não nos esforçamos para buscar forças e métodos para superarmos essas possíveis barreiras. Precisamos saber pedir a Deus resiliência para superarmos as adversidades da vida, sejam elas quais forem; pegarmos nossas prováveis limitações ou obstáculos em nosso caminho e buscarmos força e capacitação para superarmos; ou até mesmo desenvolvermos novos talentos que nos permitam ir além do que já conseguimos.

Existe uma ideia vigente no mercado que nos incentiva a sempre dar aquele "passo extra" diante dos desafios que enfrentamos. É importante refletirmos sobre o que esse passo extra representa e qual seria o passo a mais que cada um de nós precisa dar em nossa própria realidade.

Tenho valores fortes e sou um entusiasta convicto. As lutas travadas não foram fáceis, mas as vitórias alcançadas foram maiores e geraram muitas comemorações. Considero-me um empresário realizado e um ser humano feliz, mesmo em constante evolução.

Muitas pessoas definem corretamente o sucesso como a obtenção de êxito e/ou bons resultados nas áreas pessoal e profissional. Para mim, a definição de sucesso se tornou mais completa ao alcançar êxito no profissional e no pessoal, permitindo que esses dois aspectos dentro de mim vivessem de forma mais equilibrada, trazendo maior felicidade e alegria em todos os aspectos.

Antes de chegarmos ao final deste capítulo, você pode estar se perguntando sobre a luta contra a obesidade. Essa eu não venci, pois será uma luta para a vida toda. Minha jornada ainda não terminou. Eliminei 63 kg e continuo lutando diariamente, mas, acima de tudo, estou feliz e aprendendo a me amar a cada dia.

Na natureza, as espécies que conseguem sobreviver ao longo do tempo não são necessariamente as mais fortes ou as mais inteligentes, mas sim as que melhor se ajustam às transformações do ambiente. A adaptação é o fator determinante para a permanência e a evolução, permitindo que os seres vivos enfrentem desafios e mudanças constantes.

Adapte-se, mude, reinvente-se. Se errar, ajuste o caminho. O importante é seguir em frente, aprendendo e superando.

Marivaldo Silva

“Adapte-se, mude, reinvente-se. Se errar, ajuste o caminho. O importante é seguir em frente, aprendendo e superando.”

Crédito: Meire Martins @meiremartinsfotografia.

Marli Raiza

Sou Marli Raiza, natural da cidade de Inhumas/GO; sou casada com Moisés Ramos, tenho dois filhos, Kleber e Maíra, e sou avó de Isabela, Helena, Valentina e Elisa. Sou empresária, mentora, escritora e psicanalista, com graduação em Letras e pós-graduação em Literatura Brasileira. Atuei na área da docência por mais de quinze anos, trabalhando nas melhores escolas e universidades de Goiás. Como empresária tive muito sucesso, mas também muitos desafios; entre abrir e fechar empresas, e não desistir, me tornei tão especialista em estratégia de *marketing* e vendas, que recebi um título de comendadora e fui case de sucesso em uma das maiores franquias do Brasil na área da saúde. A partir daí, percebi que podia contribuir para evolução de mais pessoas, pois o meu propósito era levar o meu conhecimento adquirido através de livros, mentorias, palestras e entrevistas.

"Tudo posso naquele que me fortalece." (Fp 4:13)

marliraiza.mentora
marliraiza
+55 (62) 99292-6779
Marli Raíza
marliraiza.mentora@gmail.com
Marli Raiza
Marli Raiza Mentora

CÓDIGOS
EMPRESARIAIS

21

MARKETING INTELIGENTE: TRANSFORMANDO NEGÓCIOS EM SUCESSO

Por Marli Raiza

Abrir um negócio sempre foi um sonho para mim; eu acreditava que só era preciso ter coragem, esforço e uma boa ideia para conquistar o sucesso. No entanto, a realidade foi bem diferente. O que parecia ser o início de uma jornada brilhante, rapidamente se tornou um grande aprendizado, muitas vezes doloroso.

No meu primeiro empreendimento, pequei por não ter um planejamento estratégico bem definido. Eu sabia o que queria vender, mas não tinha clareza sobre como me posicionar no mercado. Minhas decisões eram guiadas pela intuição, e não por dados ou estratégias. E isso me custou um bom preço. Outra grande falha foi não investir em capacitação. Eu acreditava que aprender *on the job* seria suficiente; ignorar as ferramentas e tendências do mercado foi outro grande erro. Faltava treinamento, alinhamento e, principalmente, visão, pois eu não estava preparada para acompanhar a evolução do mercado. Eu estava presa nas vendas e não no planejamento. A dor de ver meu sonho desmoronar foi intensa. A partir desse aprendizado, eu criei o método MAPER, que me ajudou a solucionar problemas e a escalar meu negócio.

Neste capítulo, vamos abordar os cinco passos do método MAPER; assim, eu espero que você aplique esse método e não passe pelas mesmas dores que passei.

Método MAPER: cinco passos para evitar erros do passado e escalar negócios

1. Entenda e mapeie sua audiência

O primeiro passo para o crescimento é fazer pesquisas, coletar dados do seu consumidor e entender as suas necessidades, dores e desejos. Use ferramentas como Google Analytics. Pergunte-se: quais são as suas dores, desejos e expectativas? Onde os meus clientes passam a maior parte do tempo on-line? Esses *insights* vão ajudá-lo a personalizar sua abordagem e a criar conexões assertivas.

Mapear a audiência não significa apenas saber a idade, o gênero ou a localização dos consumidores. É fundamental compreender seus hábitos de consumo, os canais em que estão presentes, e o que os motiva a comprar. Isso irá ajudá-lo a construir mensagens de *marketing* mais assertivas para o seu público. Outro aspecto essencial é fazer um pós-venda dos sonhos para o cliente. É fundamental fidelizá-los; isso será o maior diferencial para o seu sucesso.

Implemente estratégias de acompanhamento personalizado, envie e-mails ou mensagens de WhatsApp de agradecimento, ofereça descontos exclusivos para compras futuras utilizando *cashback*, e busque *feedbacks* sobre a experiência dos clientes. Essas práticas fidelizam os clientes e transformam muitos deles em promotores espontâneos da sua marca.

Esse cuidado gera confiança e constrói conexões duradouras, essenciais para o crescimento escalável de qualquer negócio. Um bom planejamento estratégico deve se basear em informações concretas sobre o mercado, a concorrência e o comportamento do consumidor.

2. Planejamento com base de dados

Oferecer conteúdo de valor é uma das maneiras mais eficazes de atrair e engajar clientes. *Blogs*, vídeos, *e-books* e postagens em redes sociais podem posicionar sua marca como autoridade no nicho e construir confiança com seu público. O segredo é criar conteúdos que respondam às dúvidas e resolvam os problemas da audiência.

Uma boa prática é planejar um calendário editorial alinhado às necessidades dos seus clientes. Outra ideia eficaz é apostar em diversificação de formatos de conteúdo para atingir diferentes tipos de público. Um cliente pode preferir assistir a vídeos curtos e dinâmicos em redes sociais, enquanto outro valoriza a profundidade de um e-*book* ou um artigo de *blog*. Experimente diferentes formatos e identifique quais funcionam melhor para sua audiência.

Os anúncios pagos farão toda a diferença na sua empresa. Plataformas como Instagram, Google Ads e Facebook permitem segmentar audiências específicas, garantindo que sua mensagem alcance as pessoas certas no momento certo. No entanto, é importante monitorar constantemente o retorno sobre o investimento (ROI) para garantir que você esteja gastando de forma inteligente. **Ao medir e saber o retorno de cada ação, você poderá escalar**

seus investimentos com risco super calculado e, com isso, fazer seu negócio crescer disruptivamente, não importa o que você venda (desde que seu cliente acesse a internet).

Uma dica útil é criar campanhas com objetivos claros, aumentar o número de *leads* ou gerar vendas diretas. Teste diferentes formatos de anúncio, como vídeos, carrosséis e imagens estáticas, para descobrir o que funciona melhor para seu público. Além disso, criar séries ou campanhas temáticas pode gerar maior engajamento, fazendo com que sua marca se torne uma referência no assunto e estimule os seguidores a acompanharem os desdobramentos.

Por fim, a integração entre *marketing* de conteúdo e estratégias podem potencializar os resultados. Enviar *newsletters* com resumos de conteúdos publicados, ofertas exclusivas ou convites para *webinars* é uma forma eficaz de manter a audiência conectada e engajada com a sua marca. Isso também permite nutrir o relacionamento com leads em diferentes etapas do funil de vendas. Quando você oferece conteúdo relevante, diversificado e estrategicamente planejado, você cria um ciclo de valor atraindo novos clientes e fortalece a sua marca.

3. Automatize e escale processos

Automatizar processos é uma necessidade para qualquer empresa que deseja crescer de forma consistente e eficiente. A implementação de ferramentas tecnológicas permite não apenas otimizar o tempo, mas também melhorar a experiência do cliente. No meu caso, a automação foi um divisor de águas. Adotamos o uso de sistemas para centralizar todas as solicitações em um único lugar e facilitar o acompanhamento dos casos, melhorando a satisfação e a fidelização do cliente.

No *marketing*, implantamos ferramentas para automatizar campanhas, segmentar nosso público e acompanhar os resultados em tempo real. Adotamos plataformas de IA para criar fluxos de nutrição personalizados, garantindo que cada cliente recebesse conteúdo relevante de acordo com sua etapa no funil de vendas.

Nas redes sociais, programamos as postagens, monitoramos as interações e analisamos o desempenho das campanhas. Isso nos deu uma visão clara e permitiu ajustes rápidos para maximizar os resultados.

Outro recurso valioso foi a integração de *chatbots* em nosso site e redes sociais para responder às perguntas mais frequentes e encaminhar solicitações para o setor adequado, reduzindo assim o tempo de resposta e liberando nossa equipe para se concentrar em tarefas mais complexas.

No aspecto financeiro, adotamos sistemas para acompanhar pagamentos de maneira automatizada. A automação também impactou nosso processo de vendas: com o uso de um aplicativo, criamos pipelines claros e organizados, que auxiliaram no acompanhamento de cada etapa da negociação e garantindo que nada fosse esquecido.

Através desses recursos combinados, criamos uma cultura de inovação dentro da empresa, permitindo, assim, que escalássemos nossos processos sem perder a qualidade no atendimento ao cliente. **Automatizar não significa desumanizar; pelo contrário, significa criar espaço para que as pessoas se concentrem no que realmente importa: construir relações genuínas e duradouras com os clientes.**

4. Parcerias assertivas

Nenhum negócio cresce sozinho, e construir parcerias estratégicas foi um dos diferenciais mais importantes para expandir minhas vendas e fortalecer minha marca. Faça parcerias com influenciadores digitais. Escolha aqueles que tenham uma audiência alinhada ao seu público-alvo e que compartilhem valores similares aos da sua marca. Influenciadores podem ser a ponte entre sua marca e um novo grupo de clientes em potencial.

Outra estratégia muito eficaz que utilizei foi fazer parcerias com empresas locais. Participe de eventos com o objetivo de atrair clientes em conjunto; assim. você pode beneficiar não apenas sua marca, mas também a comunidade ao redor. Certifique-se de que ambos os lados estejam se beneficiando e que o cliente final veja valor na colaboração. Avalie quais tipos de parcerias fazem mais sentido para o seu negócio e como elas podem ajudar a impulsionar suas vendas e fortalecer sua presença no mercado.

Influência e colaboração: o caminho mais rápido para expandir sua marca, fortalecer autoridade e escalar seu sucesso!

5.Transformando equipes em times de alta performance

Nenhum negócio alcança o sucesso sem um time bem treinado e engajado. Colaboradores capacitados não apenas executam suas tarefas com mais eficiência, mas também se tornam parte essencial da experiência que sua empresa oferece ao cliente. Implante treinamentos personalizados nas diferentes áreas da sua empresa, adote práticas realizadas em grupo e permita que os colaboradores apliquem o que aprenderam no contexto da empresa. Outra estratégia interessante é implantar processos em todos os setores da empresa.

Preocupar-se com o bem-estar dos colaboradores também fez toda a diferença. Um ambiente agradável onde os funcionários se sintam valorizados aumenta a produtividade e reduz a rotatividade. Implementar programas de apoio emocional e dinâmicas em grupo que promovam o bem-estar mental pode fazer toda diferença. Para isso, é essencial promover uma cultura organizacional positiva, na qual o respeito, a colaboração e o reconhecimento sejam prioridades.

Agora, eu quero que você preste muita atenção neste recado: eu, Marli, quero convidar você para fazer a leitura destes livros:

- *Como usar a internet para alavancar suas vendas ou criar um negócio digital do zero*, de Erico Rocha;
- *Quem pensa, enriquece: o legado*, de Napoleon Hill;
- *Pai rico, Pai pobre: o que os ricos ensinam a seus filhos sobre dinheiro*, de Robert Kiyosaki.

Além disso, você pode entrar em contato comigo através do meu WhatsApp, das minhas redes sociais ou participar da minha mentoria, pois eu quero acompanhá-lo e ajudá-lo a implementar o **Método MAPER** no seu empreendimento. Assim como eu consegui virar a chave da minha empresa e da minha vida, você também vai conseguir.

Faça a leitura do *QRCode* para acessar o conteúdo e a atividade que deixei para você aplicar na sua empresa.

BIBLIOGRAFIA

BÍBLIA SAGRADA. Versão Almeida Revista e Corrigida. Barueri: Sociedade Bíblica do Brasil, 2020.

HILL, N. *Quem pensa enriquece*: o legado. Porto Alegre: Citadel, 2018.

KIYOSAKI, R. *Pai rico, pai pobre*: o que os ricos ensinam a seus filhos sobre dinheiro. São Paulo: Alta Books, 2017.

ROCHA, E. *Como usar a internet para alavancar suas vendas ou criar um negócio digital do zero.* São Paulo: Buzz, 2017.

Marli Raiza

Escale com arte e ciência: combine estratégia, criatividade e *marketing* para transformar negócios em histórias de sucesso.

O que mais é possível?

Maura Bortolini

Há oito anos, atuo como terapeuta e mentora de mulheres de vários estados do Brasil, ajudando-as a transformar traumas passados e emoções desequilibradas em força e prosperidade.

Resido em Maringá/PR com meu marido, Maurício Bernardi, e nossa doce filha, Isabela.

Alinhando minha formação em Educação Física às técnicas de terapia, e somando os ensinamentos de neurociência e epigenética, enxergo minhas clientes de forma completa e única, me tornando reconhecida como uma excelente profissional na área, com inúmeros depoimentos que comprovam o quanto sou apaixonada por ajudar empresárias a superarem crenças limitantes e comportamentos inconscientes que as impedem de alcançar todo o seu potencial.

mauraborto linimentora

+55 (44) 98854-0754

maurabortolini@gmail.com

CÓDIGOS EMPRESARIAIS

22

EVOLUÇÃO CONTÍNUA: A CHAVE PARA O CRESCIMENTO

Por Maura Bortolini

Em um mundo empresarial cada vez mais competitivo e em constante transformação, a capacidade de evoluir continuamente se tornou um dos principais diferenciais para alcançar o sucesso; porém, essa evolução não está restrita apenas à implementação de novas estratégias ou tecnologias avançadas. Na minha caminhada, já acompanhei centenas de empresários que tinham em mãos a mais inovadora estratégia e o planejamento mais detalhado para o seu segmento, e, ainda assim, estavam sentindo frustrações ao ver seus resultados limitados. Uma empresa de sucesso começa dentro de cada indivíduo, a partir do autoconhecimento, da reprogramação mental e da manutenção de uma energia elevada para criar pensamentos criativos e produtivos através do bem-estar.

Algo que sempre me incomodou nesses oito anos foi a percepção de que existe uma falta de clareza generalizada no empresariado sobre seu próprio desenvolvimento enquanto profissionais e sobre o que de fato contribui para o sucesso de seus empreendimentos. É frustrante presenciar a busca por soluções de crescimento de forma incompleta. É uma cultura social pensar que, quando há problemas financeiros, se deve buscar resolver somente esse ponto; quando há problemas de saúde, procura-se apenas ajuda médica tradicional; quando há desajuste emocional, se vive a terapia; e assim por diante.

Mesmo com tantas comprovações científicas de que as áreas da nossa vida se impactam entre si, vivemos em uma sociedade com crenças coletivas limitantes, que mantêm os empresários correndo em um ciclo de altos e baixos, viciados em limitações. Neste capítulo, explorarei como a inteligência emocional, fundamentada na neurociência, com contribuição da epigenética, aplicada em meus atendimentos terapêuticos de memória celular, pode transformar comportamentos, emoções e mentalidades, resultando em um crescimento empresarial sólido e sustentável.

A importância da energia elevada para o crescimento

Para prosperar, é essencial manter uma frequência emocional positiva e pensamentos elevados. Quando nos sentimos bem, nossa mente se torna mais criativa e organizada, e conseguimos enfrentar desafios com maior facilidade. Ao eliminar gatilhos mentais inconscientes que nos levam à autossabotagem, à procrastinação e ao estresse, damos espaço para uma programação mental mais clara, estratégica e assertiva.

A neurociência comprova que pensamentos e emoções são capazes de moldar nosso cérebro, modificar nossa estrutura celular e criar um corpo saudável de dentro para fora. Quando nos concentramos em soluções em vez de problemas, criamos novas conexões neurais que reforçam hábitos positivos. Assim, ao desenvolver a habilidade de manter uma visão otimista e agir com assertividade, nos tornamos naturalmente mais eficazes na tomada de decisões e no alcance de metas.

Mas tenho certeza de que você já se perguntou: "Por que é tão difícil mantermos essa frequência elevada, com pensamentos e visão otimista?". Esse é realmente o "x" da questão. Toda vez que temos qualquer experiência no dia a dia, nosso cérebro produz substâncias químicas congruentes ao que acabamos de viver, para que possamos sentir uma emoção ou sensação. E nesse processo, o corpo se "vicia" nessa substância que a fisiologia produziu ao vivenciarmos alguma coisa, vermos ou ouvirmos algo no ambiente, gerando uma produção específica de hormônios positivos ou negativos, que são liberados na corrente sanguínea, promovendo sensações e emoções sentidas no momento.

Uma vez que isso acontece, seu corpo começa a se "viciar" nesse processo, pedindo mais. Gosto de comparar esse "vício emocional" a uma pessoa com dependência química. Quando experimenta uma droga pela primeira vez, o corpo começa a se moldar e se adaptar a essa substância, desejando-a novamente, sendo necessário aumentar, assim, a dose consumida; isso se torna um comportamento inconsciente e impulsivo para ter cada vez mais da mesma substância, a fim de sentir uma determinada sensação.

Porém, os vícios emocionais começam a acontecer mesmo antes de nascermos. Desde o ventre materno, o feto já recebe informações de sensações através da corrente sanguínea que troca com a mãe. E isso se fortalece a cada vivência após o nascimento, criando um comportamento condicionado pela própria fisiologia do corpo, pelo ambiente em que está inserido por um longo período, copiando automaticamente os mesmos comportamentos e resultados.

Hoje, a epigenética, ciência que estuda quanto o ambiente e o estilo de vida podem modificar nossas células, explica como podemos desenvolver comportamentos, pensamentos e mentalidades, congruentes ao que estamos expostos diariamente na nossa rotina, direcionando e criando até uma previsibilidade de como poderá ser nossa saúde, relacionamentos e sucesso profissional. Essa ciência explica o porquê de você ter a sensação e, muitas vezes, a confirmação, de que é tão difícil mudar um hábito e um comportamento para conquistar suas metas e objetivos com mais facilidade e velocidade.

O papel da memória celular na transformação comportamental

Durante meus atendimentos de terapia de memória celular e mentorias para desenvolver empresárias, observo padrões recorrentes entre minhas clientes: traumas passados, influências do ambiente familiar e experiências desafiadoras, ou até mesmo consideradas positivas, que moldaram suas crenças, criando situações limitantes. Acredite, situações registradas pelo nosso inconsciente como positivas têm um grande impacto no motivo de haver alguma limitação de crescimento. Essas memórias ficam armazenadas no inconsciente e afetam diretamente as ações diárias, gerando frustração e sobrecarga por repetir comportamentos indesejados de forma automática. Então, famosas frases vêm à mente, acompanhadas de uma indignação: "Não acredito que fiz isso de novo!" ou "Como é difícil mudar!".

Ao termos consciência de como liberar essas memórias celulares, experimentamos uma transformação profunda. A mentalidade se expande, emoções se equilibram, e comportamentos mudam, permitindo a visão de novas perspectivas e soluções criativas. Com isso, é possível perceber uma organização estratégica com mais produtividade para cumprir metas e atingir objetivos traçados. Esse processo de autotransformação reflete diretamente nos negócios, melhorando o posicionamento, a autoridade, a segurança e a capacidade de liderar equipes de forma inspiradora e engajada.

Transformando desafios em oportunidades

O maior desafio enfrentado por muitos profissionais é sair do "piloto automático" e estar verdadeiramente presente para criar um futuro mais promissor. Quando não estamos conscientes de nossas ações, permitimos que padrões limitantes nos impeçam de evoluir. É aqui que o autoconhecimento desempenha um papel crucial. E quando eu falo autoconhecimento, ele vai muito além do que você acha que gosta ou não.

Esse processo é um movimento "treinável" para você identificar o que você sentiu ou pensou quando teve uma limitação ou um baixo desempenho. Nosso cérebro divide nossas vivencias em dois "compartimentos". Tudo que você já viveu é separado em: 5% são as histórias contadas e as dores reclamadas, o famoso "racional ativo"; os outros 95% são seus movimentos involuntários, seu piloto automático — a verbalização viciada que você tenta tanto mudar e não consegue, a mão que sua ao fazer algo aparentemente simples, o coração que acelera "sem motivos", a comunicação que falha em um momento importante e assim por diante; trata-se de sua incrível, memória celular. E é aqui, nesses 95%, em que você não lembra racionalmente de nada do que já viveu, que você toma todas suas decisões, achando que está sendo totalmente racional, quando na verdade são suas vivências passadas julgando e ditando o que é bom ou ruim, e qual caminho se deve escolher.

Ao identificar e ressignificar experiências passadas que impactam negativamente o desempenho atual, é possível reprogramar a mente para enxergar os desafios como oportunidades de crescimento. Essa nova abordagem promove um ciclo virtuoso: quanto mais o indivíduo se sente confiante e realizado, mais ele se torna capaz de inspirar e engajar sua equipe, gerando resultados extraordinários.

Um futuro empresarial sustentável

A evolução contínua é um processo que exige dedicação, consistência e muita consciência. Não se trata apenas de atingir metas a curto prazo, mas de construir uma base sólida para um crescimento constante. Profissionais que investem no autoconhecimento e na reprogramação mental não apenas alcançam seus objetivos, mas também criam um impacto positivo em suas organizações e na sociedade.

Convido você a refletir sobre como suas emoções e pensamentos têm influenciado seu desempenho, e a considerar a possibilidade de transformar padrões limitantes em ferramentas poderosas para o sucesso. O que você pensa hoje sobre o que faz, o que já ouviu, viveu e aprendeu? Esses pontos são extremamente importantes para seu próximo passo de crescimento. Não importa se você fatura dez mil ou um milhão de reais por mês, você simplesmente não está faturando mais, porque há algo dentro de você falando que isso não é possível, ou que você vai perder algo para chegar aonde deseja. Sua mente só acessa o que conhece.

Lembre-se: evoluir é um ato de coragem, e o crescimento verdadeiro começa de dentro para fora. Ao se comprometer com sua própria evolução e estando alinhado com seus princípios e valores, você estará não apenas se tornando um profissional melhor, mas também contribuindo para um futuro empresarial mais humano, inovador e sustentável. Um profissional consciente e curado transmite a qualquer pessoa do seu convívio essa possibilidade de crescimento e vida plena. Não esqueça, há crianças vindo depois de você!

Mude seu mundo e, então, o mundo a sua volta mudará e os negócios fluirão rumo ao crescimento. Agora, sim, seja realmente bem-vindo, caro leitor, ao mundo que tanto sonhamos.

BIBLIOGRAFIA

LIPTON, B. H. *A biologia da crença.* São Paulo: Butterfly, 2007

DISPENZA, J. *Quebrando o hábito de ser você mesmo.* Cotia: Citadel Editora, 2018.

Maura Bortolini

“Para sua empresa crescer, não bastam apenas estratégias, é preciso cura emocional e mudança comportamental.”

Crédito: Márcio Medeiros.

Nilzete Santos

Sou Nilzete Santos, natural de Nova Venécia/ES. Resido em João Pessoa/PB, sou casada com Ronaldo Luz e mãe orgulhosa do Gabriel e da Luiza. Sou empresária e escritora, com a missão de compartilhar experiências de vida e conhecimentos que possam ajudar pessoas a alcançarem os seus objetivos, através de técnicas que utilizo em minha vida pessoal e empresarial.

A minha história de sucesso foi marcada por muitos desafios desde o meu nascimento, pois tive inicialmente a previsão médica de não passar dos 7 anos de vida. No decorrer dos anos, fui superando desafios e construindo uma linda história de superações e vitórias, das quais tenho muito orgulho.

Sei que não estou aqui em vão; juntos, podemos mudar muitas histórias.

sounilzete.santos
+55 (31) 98883-6000
nilzete.nx@gmail.com

CÓDIGOS
EMPRESARIAIS

23

O LADO INVISÍVEL DO SUCESSO: SUPERANDO BARREIRAS

Por Nilzete Santos

Todos nós estamos em uma busca constante pelo sucesso, muitas vezes em um caminhar solitário, sem rumo e sem estratégias que facilitem a realização dos nossos sonhos. Com isso, podemos nos ver perdidos, frustrados e desanimados, achando ser impossível alcançar essas realizações que almejamos; por esse motivo, muitos acabam desistindo e se acomodando em uma zona de conforto que, na verdade, é totalmente desconfortável.

Quando falamos do mundo empresarial, nos deparamos com desafios o tempo todo. E o maior desafio para um empresário é a superação dos seus próprios limites, que podem assumir diversas formas.

- **Limites físicos:** são as situações em que o nosso corpo não corresponde aos nossos planos. Em alguns casos, podemos buscar atitudes que mudem essa realidade; já em outros, temos que nos aceitar como somos e aprender a ressaltar o que temos de melhor. Para exemplificar, imagine que o meu grande sonho seja ser jogadora de basquete, mas eu tenha apenas 1,44 m de altura; isso seria frustrante, pois eu não conseguiria fazer nada para mudar essa realidade. Esse seria um exemplo de limitador físico que eu não tenho o poder de modificar, mas cabe a mim enxergar minhas capacidades em outros segmentos e buscar o meu sucesso com as minhas maiores qualidades.
- **Limites psicológicos:** são situações em que, muitas vezes, não conseguimos acreditar em nós mesmos. Somos incansavelmente puxados para baixo pela sociedade, família, amigos etc., a ponto de não refletir sobre o nosso próprio pensamento a nosso respeito. É aí que devemos aplicar a técnica "vença-te a ti mesmo"; busque enxergar as suas qualidades e, acredite, o mundo também passará a acreditar em você.

- **Limites financeiros:** nem sempre o nosso bolso acompanha o nível dos nossos sonhos, não é mesmo? Mas quando se tem objetivos claros, metas definidas e o desejo ardente de vencer, tudo acontece a favor do seu crescimento. As oportunidades aparecem, às vezes até em forma de problemas, para que você siga o caminho que o levará ao sucesso.

As barreiras que tentam impedir o nosso crescimento devem ser vistas como desafios. E os desafios são oportunidades de superar o óbvio — a rotina já existente — que é de extrema importância para nós; porém, muitas vezes, essa rotina nos trava, impedindo que busquemos novos caminhos e novas formas de trilhar a rota já existente, ou mesmo de traçar o verdadeiro caminho para onde queremos ir e onde queremos chegar.

Usar o GPS no dia a dia é muito comum, faz parte do nosso cotidiano. E como está a utilização do GPS da sua vida? O GPS da sua empresa? Esse GPS, que eu chamo de GPS da vida (Gestão Pessoal do Sucesso) pode ser utilizado para definirmos a rota que nos levará ao sucesso. E, para definirmos essas rotas, precisamos identificar três pontos de suma importância.

- De onde eu vim e quem eu sou?
- Onde estou?
- Aonde quero chegar?

Com essas perguntas respondidas, você deve buscar a melhor rota para chegar ao seu destino, e as orientações do percurso devem ser seguidas; sempre que necessário, reveja ou refaça sua rota, sem desviar do foco principal, que é o seu ponto de chegada. As frases "vire à direita", "vire à esquerda", "siga em frente" etc. precisam ser percebidas e entendidas como: estude, se especialize em áreas de que a sua empresa precisa, contrate profissionais qualificados, divirta-se um pouco, abrace sua família, relaxe... Enxergue e elogie as conquistas, suas e de todos à sua volta. Valorize seu time e esteja com ele, orientando e monitorando, para que todos consigam utilizar o GPS da vida e conquistar o seu crescimento pessoal e profissional juntamente com você e sua empresa.

Tão importante quanto saber onde está e aonde quer chegar, é saber de onde veio, quem é você, quais são suas raízes e seus valores.

Valorize totalmente cada obstáculo já superado; cada tentativa, mesmo que frustrada, serve de aprendizado. Valorize cada derrota, sim, pois elas não são fracassos na sua vida; elas são treinamento para fortalecê-lo e prepará-lo para o sucesso almejado e merecido.

O sucesso tem o lado que todos nós gostamos e buscamos sempre: os resultados, as medalhas, o reconhecimento, os aplausos e tudo que nos faz sentir orgulho de algo que fizemos, orgulho de quem somos e do que somos capazes de fazer. E isso é perfeito; temos que comemorar nossas conquistas com muito entusiasmo. Existe também o lado invisível do sucesso, que é todo o caminho percorrido; é cada tentativa que não d eu certo, mas que o preparou para acertar mais tarde; é cada minuto dedicado ao seu crescimento, cada ida e vinda em busca de conhecimentos, cada erro que o fortaleceu e, principalmente, a sua persistência, a sua força para nunca desistir. Isso é o mais puro sucesso.

Sem dúvidas, o maior sucesso do ser humano é construir uma história que possa ser contada com orgulho, podendo inspirar pessoas com palavras e exemplos. Quando temos consciência da importância das nossas atitudes, tomamos um gosto ainda maior pela vida e pela história que estamos construindo. Sabendo aonde queremos chegar, vivemos com muito entusiasmo, pois conseguimos enxergar o nosso pódio logo à frente. É apenas uma questão de tempo para atingirmos o topo que definimos na nossa programação de rota no GPS da vida.

Há uma pergunta que gosto muito de fazer para as pessoas à minha volta, e quero compartilhá-la com você, leitor, para que responda a si mesmo: você já chegou aonde gostaria, está no caminho, ou desistiu de tentar?

Lembre-se sempre de que os nossos resultados são frutos das nossas escolhas. Quando assumimos essa responsabilidade, já somos maduros para encarar a realidade, sem procurar culpados ou encontrar desculpas, apenas com uma mente aberta e leve para adquirir conhecimentos e orientações, para que o nosso crescimento aconteça cada vez mais rápido e de maneira responsável, trazendo como consequência aquele merecido sucesso que dará orgulho e mudará a sua vida e a das pessoas que você tanto ama.

A definição de sucesso é muito ampla, e eu diria que é também muito particular, pois a importância de algo pode ser muito grande para um, enquanto para outro pode não ser tão significativo. Vejamos alguns exemplos.

Para algumas pessoas, o sucesso está diretamente ligado ao lado financeiro; aquela mudança de vida que faz com que família fique extremamente feliz e grata pelo êxito alcançado pelo grande herói da família. E, sem dúvida alguma, a liberdade financeira traz uma qualidade de vida excelente e deve ser valorizada. Ficamos muitos felizes em ver a realização de tantas pessoas batalhadoras, que conquistam seus ideais e realizam seus maiores sonhos.

Para outros, o sucesso é a qualidade de vida, a paz, a união da família, a natureza ao seu redor, o cantar dos pássaros, o barulho do mar, o tempo de qualidade com a família, a boa saúde e a vida feliz no dia a dia.

Trazendo essas informações para a nossa vida de empresários, nos questionamos sobre a importância de tudo: a necessidade de proporcionar condições de equilíbrio para a nossa família e para a nossa empresa, buscando continuamente a realização financeira, a independência e, também, a qualidade de vida e a harmonia familiar. Será que é possível? Com toda a certeza, sim, pois toda rota que é bem planejada, nos leva até o destino programado com sucesso.

Portanto, o segredo está no planejamento, e, claro, no acompanhamento e na execução deste planejamento, com todos os detalhes. Dessa forma, todos os pontos que são importantes para você estarão no seu planejamento e serão realizados. Em cada etapa, comemore cada pequena conquista, cada passo que o aproxime da linha de chegada, cada pessoa que cresce junto com você. Comemore! Isso é sucesso, isso é vitória, isso é realização. E continue a realizar o planejamento e a renovar sempre as suas metas, para que cada vez mais você possa comemorar as suas conquistas.

Utilizem sempre o GPS (Gestão Pessoal do Sucesso) em todas as áreas da sua vida, e, juntamente com as pessoas que o cercam, você verá as coisas acontecendo de maneira programada e organizada para o crescimento pessoal e profissional de todos os envolvidos.

Tudo aquilo a que dedicamos a nossa atenção tende a crescer e ficar cada vez mais forte. Se cuidarmos de uma planta, regando, podando e colocando o adubo necessário, faremos com que essa planta floresça, fique sempre forte e saudável, e produza frutos. Assim também será com tudo a que nos dedicamos: nossa família, nossa empresa, nossos amigos, nossos conhecimentos em qualquer área que escolhermos. Tudo precisa de atenção e dedicação para crescer e se fortalecer, e com o sucesso não é diferente; ele é a consequência de todo esforço e dedicação, com propósito e rota programada.

Crie sua rota no GPS da vida e faça o que for necessário para chegar ao seu destino, e o seu sucesso invisível — aquele que será sentido somente por você, e não exatamente visto pelos outros — será tão grande e tão prazeroso, que você se perguntará por que não começou antes. Mas isso não importa, pois o principal é a chegada e o seu sentimento de realização, que deixará você muito feliz e orgulhoso da sua própria história, levando a outros inspiração e gratidão pelos seus feitos.

Todos nós nascemos para vencer, e a escolha dos caminhos que seguimos tem grande impacto no resultado das nossas ações. Portanto, escolha os seus caminhos baseando-se no resultado que você quer alcançar, e siga com confiança e dedicação. Assim, você trará ao mundo cada vez mais inspiração para as pessoas que o cercam.

Nascemos para brilhar e iluminar caminhos.

Mantenha o controle da sua direção sempre em mãos e jamais esqueça que tudo depende de você.

E aí, você já chegou aonde gostaria, ou desistiu de tentar?

Trace a sua rota, e deseje grandes realizações neste percurso chamado vida!

"

Nilzete Santos

O maior sucesso do ser humano é construir uma história que ele possa contar com orgulho e inspirar pessoas com suas palavras e seus exemplos.

"

Rodolpho Martins

Cristão, filho, esposo e pai de três jovens, sou mestre em Gestão Empresarial pela FGV, pós-graduado com MBA em Estratégia Empresarial e pós-graduado com especialização em Gestão Empresarial, ambos pela FGV, e formado em Tecnologia de Processamento de Dados pela Universidade Católica de Brasília (UCB). Além disso, sou consultor empresarial desde o ano de 2000 e sócio-diretor da Ph Gestão & Educação, atuando em projetos nas áreas de gestão empresarial, principalmente em governança corporativa para empresas limitadas. Sou associado ao IBGC, pelo qual tenho certificação de conselheiro de administração (CCA IBGC). Desde 2002, também atuo como professor, ministrando disciplinas, cursos e palestras nas áreas de gestão e governança corporativa.

rodolpho_phgestao

rodolpho_phgestao

rodolpho-martins

CÓDIGOS EMPRESARIAIS

24 ORGANIZAÇÃO E GOVERNANÇA: COMO SUA EMPRESA ESTÁ?

Por Rodolpho Martins

Toda empresa precisa se organizar, toda empresa precisa se profissionalizar, toda empresa precisa de governança. E agora, como sua empresa está?

Se estiver começando um novo empreendimento ou reorganizando uma pequena/média empresa, o foco inicial deve ser criar processos claros, definir lideranças e estruturar departamentos. Quando a empresa começa a crescer, atrair investidores ou operar em mercados mais regulados, implementar práticas de governança se torna essencial para garantir sustentabilidade e confiança.

A criação de uma empresa de sucesso não depende apenas de boas ideias ou produtos inovadores. Para que uma organização cresça de forma sustentável e eficiente, é essencial estabelecer uma estrutura sólida, com processos bem definidos e mecanismos de controle eficazes.

Para isso, primeiramente, vamos esclarecer estes dois conceitos: a organização empresarial e a governança corporativa.

O que é organização empresarial?

A organização empresarial é o processo de estruturar e coordenar pessoas, finanças, tecnologias e materiais de uma empresa para atingir seus objetivos. Envolve diversas definições, como estrutura hierárquica, funções, responsabilidades, processos e sistemas de comunicação interna. É a base operacional que garante que as atividades do dia a dia sejam executadas de forma eficiente e eficaz.

Alguns elementos da organização empresarial

a. Estrutura organizacional:

- Define como os cargos e as responsabilidades são distribuídos dentro da empresa.
- Pode ser hierárquica, matricial, por projetos, entre outros modelos.

b. Processos e procedimentos:

- Padronizam as atividades, garantindo que todos saibam o que fazer e como fazer.

- Incluem manuais, fluxogramas e *check-lists*.

c. Cultura organizacional:

- Conjunto de valores, crenças e comportamentos compartilhados pelos membros da organização.
- Influencia a forma como as pessoas trabalham e interagem.

d. Gestão de recursos:

- Planejamento e alocação eficiente de recursos financeiros, humanos e materiais.

e. Tecnologia e inovação:

- Implementação de sistemas e ferramentas que otimizem processos e aumentem a produtividade.

f. Comunicação interna:

- Formas de comunicação entre a gestão e os colaboradores. Muitas empresas não se atentam a este item, que na maioria das vezes é um dos principais problemas dentro da empresa.

E o que é governança corporativa?

A governança corporativa refere-se ao sistema pelo qual as empresas são dirigidas, monitoradas e incentivadas, também separando a propriedade da gestão, ou seja, quando o proprietário (empresário) está como gestor ou apenas como proprietário. Pode envolver práticas e relações entre os acionistas, conselhos de administração, diretoria executiva e demais partes interessadas (*stakeholders*). O principal objetivo é garantir a transparência, a ética e a eficiência na tomada de decisões.

Segundo o Instituto Brasileiro de Governanças Corporativa (IBGC), no seu Código das Melhores Práticas de Governança Corporativa, os princípios da governança corporativa são: integridade, transparência, equidade, responsabilização (*accountability*) e sustentabilidade.

Estrutura de governança:

a. Assembleia ou reunião de sócios (propriedade da empresa)

- Nesta instância, uma ação (cota) equivale a um voto.
- Documentos como estatuto ou contrato social e acordo entre sócios são fundamentais, pois regulam as relações entre os sócios, diminuindo conflitos e controvérsia.

b. Conselho de administração

- Órgão colegiado responsável por definir as diretrizes estratégicas da empresa e supervisionar a diretoria. Aqui, cada integrante equivale um voto.
- É importante a participação de conselheiros independentes para garantir imparcialidade nas decisões.
- Nas empresas menores, pode ser substituído pelo conselho consultivo. Lembrando que o conselho consultivo, diferentemente do conselho de administração, não tem o dever fiduciário, ou seja, o seu CPF não está em jogo.

- Pode haver comitês de apoio: grupos especializados que auxiliam o conselho de administração em temas específicos, como auditoria, riscos, ética e sustentabilidade.

c. Diretoria (gestão da empresa)

- Responsável pela gestão e condução da empresa e das estratégias definidas pelo conselho, garantindo a eficiência operacional e o cumprimento dos objetivos.

d. Órgãos de fiscalização e controle

- São diversos órgãos como: Conselho Fiscal (ligado à assembleia de sócios), auditoria externa (ligada ao conselho de administração), auditoria interna, controles internos e *compliance* (ligados à diretoria).
- Avaliam e monitoram independentemente dos processos e demonstrações financeiras, garantindo a conformidade com as normas e regulamentos.

Modelos de governança corporativa

a. Governança corporativa em empresas familiares

- Desafio de equilibrar relações familiares e profissionais.
- Importância de definir regras claras de sucessão e gestão.
- Muitas vezes, há a necessidade de um conselho de família.

b. Governança corporativa em empresas de capital aberto

- Exigência de maior transparência e prestação de contas aos acionistas.
- Deve-se seguir regulações de órgãos como a CVM (Comissão de Valores Mobiliários).

c. Governança corporativa em *startups*

- Flexibilidade na estrutura, mas com foco em atração de investidores e crescimento sustentável.
- Implementação gradual de práticas de governança conforme a empresa evolui.

d. Governança corporativa em empresas de capital fechado ou limitadas

- Melhor definição da propriedade e da gestão.
- Preparação para abertura de capital, venda da empresa ou entrada de um investidor.

Mas, afinal, qual vem primeiro: a governança ou a organização?

Na verdade, toda empresa tem uma governança, porém nem todas têm as melhores práticas em governança. Desta forma, precisamos organizar a empresa e ir implementando as melhores práticas de governança corporativa. Talvez a primeira prática de governança seria a elaboração de um acordo intersócios (ou entre sócios), estabelecendo os processos internos de maneira bem definida e uma estrutura organizacional funcional. Sem essa base, a governança não tem suporte para ser eficaz.

Contudo, à medida que a empresa cresce, é crucial incorporar mecanismos de governança para garantir que o crescimento seja sustentável, ético e transparente.

Benefícios da organização empresarial

a. Eficiência operacional

- Processos claros reduzem erros e retrabalho.

b. Agilidade na tomada de decisões

- Cargos e responsabilidades bem definidos facilitam a resolução de problemas.

c. Clima organizacional positivo

- Colaboradores sabem o que é esperado deles, gerando satisfação e motivação.

d. Crescimento sustentado

- Uma base sólida facilita a expansão e a adaptação a novos mercados.

Benefícios da governança corporativa

a. Confiança do mercado

- Empresas com boa governança atraem mais investidores e clientes.

b. Redução de riscos

- Práticas de *compliance* e gestão de riscos minimizam problemas legais e financeiros.

c. Melhoria na gestão

- Conselhos de administração e auditorias garantem maior controle e eficiência.

d. Sustentabilidade a longo prazo

- A governança orienta a empresa para práticas éticas e responsáveis, garantindo longevidade.

e. Valorização da marca

- Empresas que seguem boas práticas de governança têm uma imagem positiva no mercado, aumentando seu valor.

f. Atração e retenção de talentos

- Profissionais qualificados preferem trabalhar em empresas que prezam pela ética e pela transparência.

Integração entre organização empresarial e governança corporativa

A organização empresarial e a governança corporativa não são conceitos isolados, mas sim complementares. A organização fornece a base operacional, e a governança garante que essa base seja gerida com transparência, ética e eficiência.

Uma empresa organizada tem mais facilidade para implementar boas práticas de governança, e uma governança eficaz contribui para a manutenção e o aprimoramento da organização interna.

Para esclarecer um pouco mais, vamos a um exemplo simples de organização empresarial e governança corporativa:

Caso: local da lixeira

O Laboratório Sucesso tem 340 funcionários e dez sócios; dentre os sócios, dois estão no conselho de administração e três são diretores (Diretor-Presidente, Diretor Financeiro e Diretor de Operações); outros três trabalham como médicos no laboratório, e outros dois não trabalhavam na empresa. Certo dia, o Diretor-Presidente, andando pelas instalações do laboratório, vê um funcionário da limpeza colocando a lixeira do lado direito da porta do banheiro e fala ao colaborador: "Senhor, a lixeira é do lado esquerdo". Então, o colaborador vai e colocar do lado esquerdo; mas, logo em seguida, passa outro sócio, que não é diretor, apenas médico, e fala: "Senhor, a lixeira é do lado de dentro do banheiro"; e logo o funcionário vai e coloca a lixeira do lado de dentro do banheiro. Em seguida, passa o Diretor de Operações e pergunta ao colaborador: "Cadê a lixeira que tem que estar aqui do lado direito da porta do banheiro, conforme nossa instrução de trabalho?".

<u>Perguntas para reflexão</u>

- Onde deveria estar a lixeira?
- Qual dos sócios teria o poder de decidir o local da lixeira?
- Houve mistura de propriedade e gestão?
- É possível ver se a empresa tem alguma organização empresarial e governança corporativa?
- Há alguma hierarquia, cargos e funções definidos na empresa?

Neste exemplo simples, podemos verificar que, apesar de a empresa ter organização empresarial e governança corporativa, provavelmente estava somente no papel. É importante ressaltar que as empresas são feitas de pessoas que devem estar imbuídas de caminharem para um mesmo propósito, para que, tendo as ferramentas e modelos certos, possam alcançar o sucesso e a perenidade da empresa.

Para que uma empresa alcance o sucesso sustentável, é fundamental investir tanto na organização empresarial quanto na governança corporativa. A estruturação interna eficiente garante a operacionalização das atividades, enquanto a governança assegura que essas atividades sejam conduzidas de forma ética, transparente e responsável.

Se sua empresa consegue equilibrar esses dois pilares, ela está mais preparada para enfrentar os desafios do mercado, atrair investidores e garantir sua longevidade no mundo dos negócios.

Sucesso nessa caminhada!

Rodolpho Martins

“A organização, no início, serve para diminuir riscos, mas a organização durante os negócios nos leva a um outro patamar de empresa.”

Roseli Schneider

Sou Roseli Schneider, contadora, mestre em tributação, mentora empresarial e escritora. Como CEO do Grupo RS Contabilidade, mergulho diariamente no universo desafiador do empreendedorismo.

Meu propósito de vida é ousado: despertar o líder inovador que existe em cada empreendedor. Acredito que o mundo precisa de pessoas corajosas, dispostas a construir negócios que gerem impacto e mudem comportamentos.

Minha trajetória é motivo de orgulho, mas sei que a jornada é contínua. A paixão por aprender e empreender me move, e quero compartilhar essa chama com você, querido leitor.

Permita-me ser sua mentora nesta jornada de transformação. Acredite em mim, acredite em si mesmo, abrace a inovação e decole!

Roseli Schneider

Instagram

Whatsapp

roselischneider_mentoraempresa

CÓDIGOS
EMPRESARIAIS

25

GESTÃO EFICIENTE: O CORAÇÃO DOS NEGÓCIOS

Por Roseli Schneider

Já parou para pensar que o segredo do sucesso do seu negócio pode estar mais perto do que imagina? **Dentro de você!**

Imagine um coração que, além de bombear sangue, pulsa sonhos, transforma ideias em realidade e conecta pessoas em um ritmo de propósitos. A gestão eficiente é esse coração, nutrindo o negócio para vibrar em harmonia com o mercado e a sociedade. Em um mundo onde a inovação é a chave, a gestão é a porta para futuros inimagináveis.

A gestão eficiente não se limita a otimizar processos e reduzir custos. Essa é apenas a base. Ouse ir além! Expanda sua visão; desafios não definem você, mas sim a oportunidade que você vê neles. Ambicione, ouse, pratique autoconhecimento; a ambição é o motor, a ousadia, o combustível, e o autoconhecimento, o mapa. Seja o gestor que age e transforma o agora em resultados extraordinários.

Visualize uma equipe que opera como um organismo vivo, em que cada membro é uma célula vital, contribuindo para um propósito maior. Essa equipe não é apenas treinada para executar tarefas; é inspirada a inovar, a questionar o *status quo* e a buscar constantemente o aprendizado.

E a gestão financeira? Essencial para o sucesso! Planeje suas finanças com visão de futuro, garantindo resultados consistentes e a longevidade do seu negócio.

Visualize este cenário: você, à frente de uma equipe unida, com finanças robustas e um produto que apaixona clientes. O sucesso seria a consequência natural, concorda?

Mas empreender não é sinônimo de perfeição, metas fáceis, economia estável ou clientes fiéis. É desafiador, sim, mas "difícil" não faz parte do seu vocabulário. Você é capaz de superar qualquer obstáculo e construir um negócio de sucesso.

Pronto para decolar? O mundo do empreendedorismo é seu!

Partindo da premissa de que uma empresa tem corpo, mente e alma: o corpo é a estrutura física — os processos, os produtos, a materialização do negócio; a mente é a estratégia — o mapa que guia cada decisão; a alma é a cultura — o clima organizacional, a energia que pulsa e inspira a equipe, impulsionando a criatividade e a colaboração. E no centro desse organismo, há o coração: a gestão eficiente, que pulsa e garante equilíbrio, harmonia e sucesso. E esse coração... é você!

A visão do líder inspirador: ousadia e motivação

Em um mundo onde a competição acirrada e as mudanças frenéticas ditam o ritmo, a visão ousada de um líder se destaca como um farol. Essa visão transcende a mera declaração de metas; é um futuro que o líder não apenas almeja, mas se compromete a construir. É a força motriz que impulsiona cada decisão, cada ação, e que se irradia, sobretudo, para a equipe.

Essa equipe precisa compreender a fundo não apenas o "quê", mas, crucialmente, o "porquê" de suas tarefas. Qual o propósito final? Qual a razão de ser por trás de cada etapa?

Quando a equipe internaliza o propósito, ela se alinha de forma natural à visão e aos objetivos da organização. Cria-se, então, um senso de propósito compartilhado, um elo que transforma meras metas em resultados conjuntos, fruto do trabalho e do engajamento de cada membro.

O líder que comunica e personifica essa visão, que a vive em cada gesto e palavra, inspira sua equipe a transcender o esperado. Ele se torna um agente de mudanças, um catalisador de transformação, e sua liderança é reconhecida e admirada.

Criatividade e diferenciação: um esforço conjunto

A criatividade não é um esforço solitário. O gestor visionário sabe que a faísca da inovação pode surgir de qualquer membro da equipe. Por isso, ele deve cultivar um ambiente onde as ideias floresçam, onde a diversidade de pensamentos seja valorizada e onde o "pensar fora da caixa" seja incentivado e esperado. É nesse caldeirão de ideias que surgem as soluções que transformam um produto comum em algo extraordinário. E aí, a criatividade e a diferenciação não são apenas belas ideias; elas se traduzem em resultados concretos para o negócio. Não é sobre ter algo novo, é sobre ofertar algo que realmente agregue valor ao cliente e o fidelize à marca.

Equipe de alto padrão: o motor do seu negócio

A liderança de um gestor não se mede por feitos individuais, mas pela capacidade de construir um legado coletivo. O sucesso autêntico nasce da união de talentos que compartilham um propósito comum. Em vez de buscar super-heróis solitários, invista em construir uma equipe de alto nível. Não se conforme com o mediano. Sua equipe não precisa ser aquela que tem os melhores talentos, mas é a que está em constante aprendizado, alinhada com o seu propósito. Em tempos de alta rotatividade e desengajamento, encontrar colaboradores que "vistam a camisa" da empresa é um grande desafio; então, o gestor precisa não apenas delegar tarefas, mas inspirar, motivar e cultivar um ambiente onde o talento individual floresça e se junte a outros talentos para tornar seu produto campeão de vendas.

Estrutura financeira: vendas como palavra-chave

O desejo do gestor é fazer uma grande maratona, não uma corrida de 100 metros. E a gestão financeira compara-se a essa maratona: exige fôlego, estratégia e adaptabilidade. É um processo contínuo que se inicia nos primeiros passos do negócio, quando o CPF do gestor se entrelaça com o CNPJ da empresa, e se estende por toda a sua existência, adaptando-se às diferentes fases de crescimento e expansão.

Nos primeiros meses, o objetivo primordial é atingir o ponto de equilíbrio, onde receitas e despesas se igualam. Nesse período, o envolvimento financeiro do gestor é crucial, sustentando a operação. Depois disso, o gestor precisa ter uma visão a longo prazo, criando um negócio sustentável.

Para isso, é fundamental que metas realistas sejam definidas: aonde quer chegar com seu negócio? Quais são seus objetivos financeiros a curto, médio e longo prazo? Quais são seus custos fixos e variáveis? Qual sua projeção de receitas? Isso se faz essencial para tomada de decisões assertivas.

Defina indicadores de desempenho que permitam acompanhar a evolução do seu negócio e possíveis problemas.

O fluxo de caixa é o coração financeiro da sua empresa. Acompanhe-o de perto! Lembre-se: o dinheiro precisa entrar mais do que sair, e tudo isso se resume às vendas. A falta de dinheiro vem da falta de vendas; a tranquilidade financeira vem das vendas. Invista em estratégias de vendas eficazes para garantir o sucesso do seu negócio.

Construir uma gestão financeira robusta é, portanto, vital para o sucesso do negócio. É ela que garante que o negócio tenha fôlego para inovar, expandir e prosperar a longo prazo.

Aprendizado contínuo: a chave para a prosperidade

Permita-me aqui compartilhar uma experiência pessoal. Aos cinco anos, ao ingressar na primeira série, e aos 14 anos, ao concluir o Ensino Médio, eu já tinha a convicção de que o conhecimento me libertaria de um ciclo de escassez. Com essa certeza, jamais parei de aprender. Graduação, pós-graduação, mestrado e uma vasta gama de especializações. Hoje, com propriedade, posso afirmar: **não existe ferramenta mais poderosa para a prosperidade do que o conhecimento**. Contudo, é crucial frisar que conhecimento inerte é como um tesouro enterrado.

Um líder perspicaz compreende que sua visão precisa se adaptar para permanecer relevante, e que o aprendizado deve ser uma constante, tanto para si quanto para sua equipe.

Você já tem a visão, a equipe e a base financeira. Falta um ingrediente secreto: a capacidade de antecipar os desejos dos seus clientes, surpreendendo-os com o que nem imaginam querer. Telepatia? Talvez. Mas é muito sobre entender sinais.

- **Leitura da mente:** a verdadeira magia de vender está em ler as entrelinhas e captar os sentimentos ocultos que os consumidores nem percebem que têm. Como fazer isso? Utilize ferramentas de análise de dados e *insights* para prever tendências antes que elas se tornem evidentes. Sintonize-se com as emoções e os anseios que estão por trás das compras. É nesse espaço não declarado que você poderá criar algo que não apenas atenda, mas que realmente ressoe com eles.

- **Criação de desejos:** agora, imagine-se como um artista, moldando a argila das ideias. Em vez de apenas oferecer produtos, crie experiências que evoquem sonhos e desejos. Pense em marcas que transformaram objetos comuns em símbolos de *status* ou estilo de vida, e inspire-se! Como você pode aplicar essa magia ao seu produto? Vá além da venda, construa uma experiência que faça o consumidor ansiar não apenas pelo seu produto, mas pela transformação que ele representa em sua vida.
- ***Feedback* como ouro:** a voz do consumidor é um tesouro, mas o que eles não dizem é ainda mais valioso. Crie canais de comunicação abertos e receptivos, onde as opiniões fluam livremente. Convide alguns clientes para testarem seus produtos antes do lançamento, permitindo que personalizem detalhes e sintam-se parte do processo. Compartilhe como as ideias dos consumidores moldaram seus produtos, mostrando que eles são cocriadores, e não meros compradores. Ao valorizar a voz do cliente, você não apenas o ouve, mas o fideliza.
- **Inovação contínua:** adote uma mentalidade de evolução constante. O que encanta hoje pode ser banal amanhã. Abrace a experimentação, aprenda com os erros, e ouse. Inovar não é um evento isolado, mas sim a pulsação diária que alimenta a cultura da sua empresa.

Imagine o impacto de uma gestão eficiente. Você não apenas construirá uma empresa à prova do tempo, mas se tornará um agente de transformação; uma revolução que converte ideias ousadas em negócios prósperos em um mundo dinâmico. Você deixará a sua marca indelével no mundo dos negócios, inspirando gerações.

Que este capítulo seja o começo da sua jornada! Que as ideias aqui compartilhadas não apenas inspirem seus sonhos, mas se transformem em ações concretas, fazendo com que seu produto seja único e desejável. Inove, fortaleça sua equipe, expanda seus lucros, proporcione experiências inesquecíveis aos seus clientes e deixe um legado que inspire as próximas gerações.

A gestão eficiente não é apenas sobre números e processos, mas sobre pessoas e paixão. **É o coração que pulsa por trás de cada negócio de sucesso**.

Roseli Schneider

“A gestão eficiente é o coração que pulsa por trás de cada negócio de sucesso.”

Vanessa Almeida Bini

Sou Vanessa Almeida Bini, natural de Mococa/SP, onde resido com meu esposo, Rafael Bini.

Sou consultora e assessora financeira de empresas, especialista em Gestão Empresarial e proprietária de uma empresa de consultoria. Já gerenciei mais de R$ 30 milhões em faturamentos de empresas-clientes. Atuo com gestão financeira em diversos estados do Brasil, tendo atuado também fora dele através do atendimento on-line.

Apesar do desejo de empreender com consultoria, enfrentei desafios até realmente trilhar este caminho, e tudo isso faz parte de mim e contribuiu para que eu chegasse aonde estou hoje. Sou muito feliz e agradecida por fazer parte do desenvolvimento de empresas, e vibro a cada conquista dos meus clientes como se fossem minhas.

vanessabiniconsultoria

+55 (19) 99496-4218

assessoria@vanessaconsultoria.com

CÓDIGOS EMPRESARIAIS

26

FINANÇAS EMPRESARIAIS: ESTRATÉGIAS PARA LUCRATIVIDADE

Por Vanessa Almeida Bini

O principal objetivo de uma empresa é gerar valor, e existem diversas maneiras de atingi-lo. Uma empresa pode gerar valor para a sociedade, para os funcionários, para o ambiente em que está inserida, entre outros. E, no ato de gerar valor, o lucro vem como um dos principais alvos dos empresários, pois sem ele, a sobrevivência da organização fica comprometida. Sem lucro, não é possível investir no negócio, a criação de políticas internas de reconhecimento fica prejudicada, a recompensa pelo risco de empreender não acontece, e isso tem um impacto negativo na evolução do negócio.

Neste momento você pode até pensar que gerar lucro é algo relativamente "fácil", basta focar em vender muito, que o lucro estará garantido. E apesar de ser esse o pensamento da maioria das pequenas e médias empresas no Brasil, essa forma de pensar afeta negativamente o desenvolvimento e a saúde financeira do negócio.

O ato de vender é primordial para a sobrevivência de um negócio. Sem a venda, por mais bem-estruturada que seja uma empresa, ela não sobreviverá por muito tempo; mas focar os esforços e a energia somente na venda deixa a empresa vulnerável, e a coloca totalmente em risco de falência, pois a venda precisa ser lucrativa e estar de acordo com os valores da empresa.

Não basta vender para garantir o lucro, é preciso vender com gestão financeira bem-estruturada e focada em estratégias lucrativas. E para atingir esse objetivo, primeiro você precisa focar em três pontos primordiais: análise do preço, gestão de custos e planejamento estratégico.

Sem esses pontos consolidados, a empresa pode até vender, mas o resultado dos seus esforços pode ser desastroso, inclusive podendo gerar prejuízos que levem a empresa à falência.

E aqui temos um desafio que as pequenas e médias empresas enfrentam e que muitas vezes não têm consciência disso: aplicar a gestão financeira de forma que seja integrada aos seus objetivos.

Ter gestão financeira eficiente vai muito além de registrar entradas e saídas no caixa e manter as contas em ordem, com foco apenas na organização. Ter gestão financeira eficiente é ter organização, sim, mas também controle, estratégias e planejamento que possam integrar cada setor do negócio, tendo como um dos principais objetivos o lucro.

Quando a finalidade está bem definida, as estratégias para lucratividade se tornam parte do negócio e os resultados podem ser observados a curto, médio e longo prazo. Ao estruturar estratégias de lucratividade, é necessário pensar não somente no curto prazo, mas nos impactos que acontecerão na empresa ao longo do tempo.

Dentre as estratégias que podem ser adotadas, como já citado anteriormente, vou discorrer sobre três delas: análise do preço, gestão de custos e planejamento estratégico. Três elementos básicos que deveriam ser adotados por todas as empresas que objetivam o crescimento e a obtenção de melhores resultados de lucratividade.

Análise do preço

O preço e o ato de precificar jamais devem ser ignorados quando o objetivo é lucratividade, e para que essa estratégia fique completa, temos também a análise do preço. É muito comum vermos empresários colocando preço em seus produtos ou serviços considerando apenas o seu custo unitário; por exemplo, se a proprietária de uma loja paga R$ 25,00 em uma blusa, acha que cobrando R$ 50,00 ela terá 100% de lucro; ou, em outro exemplo, se a proprietária de uma clínica gasta R$ 45,00 em produtos para fazer uma limpeza de pele, basta cobrar R$ 100,00 para que o lucro aconteça. Mas a realidade não é bem assim. Ambas as empresárias precisam considerar os outros gastos da empresa, como aluguel, impostos, despesas administrativas, gastos com funcionários, taxas de meio de pagamento, comissões e despesas com mídias, para então calcular o lucro almejado e, assim, começar o processo de precificação.

Dentro desse processo, elas precisam levar em consideração a quantidade de produtos ou serviços que vão vender por determinado período, para então concluir quanto devem cobrar para ter os resultados que buscam, pois, se não atingirem essa quantidade mínima de vendas, a empresa não alcança o seu ponto de equilíbrio; logo, o lucro não vai acontecer e é provável que haja a necessidade de ajustar o preço e reavaliar as estratégias. Da mesma forma, se ela vender um produto por um preço muito próximo ao seu custo, com o intuito de ter mais clientes, ela terá que vender uma quantidade muito grande; e, mesmo que venda muito, ainda corre o risco de ter prejuízo. Por isso, a análise do preço é muito importante para que o lucro aconteça, e deve ser feita periodicamente; não basta fazer uma vez e seguir por longos períodos sem se atentar a esse fator.

Gestão de custos

Além da análise do preço, temos também a gestão de custos. O sucesso da lucratividade começa em como os custos da empresa são geridos. E aqui não estamos falando de "comprar o mais barato sempre", mas de comprar com eficiência, priorizando a qualidade, não somente do produto ou serviço, mas dos processos que a empresa utiliza.

Quando a empresa troca um produto "caro" por um produto "barato", é necessário que seja analisada se a eficiência de um processo será comprometida, uma vez que, além de não gerar lucro, pode resultar em um prejuízo para o negócio.

Anotar tudo que a empresa paga é essencial, mas isso não é gestão de custos. Anotar, analisar e planejar são fatores que compõem de forma coesa a verdadeira gestão de custos.

Fazer o registro de cada centavo que sai da empresa é apenas a base para iniciar esta etapa. Após as anotações, é necessário agrupar por categorias tudo que a empresa pagou, por exemplo: fornecedores, salários, gastos administrativos, gastos com vendas, despesas financeiras e tudo que envolve as saídas de caixa da empresa. Deste modo será possível analisar os principais gastos e se existe a possibilidade de redução ou otimização, para que assim não ocorra a chamada "economia burra", que consiste em pagar o mais barato possível, sem se preocupar com a qualidade e a eficiência dos processos.

Gerir os custos de uma empresa vem como uma estratégia de lucratividade altamente eficaz, pois tudo o que ela conseguir reduzir e economizar de forma inteligente, vai impactar diretamente no seu lucro.

Planejamento estratégico

Agora, temos aqui o planejamento estratégico, que, além dos pontos citados anteriormente, envolve também estratégias de otimização de resultados.

Para ter um planejamento bem-estruturado, desenvolver metas de curto, médio e longo prazo torna a execução mais fluida e alcançável. Nesta etapa, é importante listar os principais pontos de desafios da empresa; por exemplo, como cada um pode ser resolvido e como cada setor da empresa pode contribuir, além de elencar o que a empresa tem de melhor, como pode ser aprimorado e qual a contribuição que os envolvidos podem fazer.

A metodologia 5W2H, criada pela indústria no Japão, contribui para a melhor estruturação do planejamento.

What: o que será feito?

Why: por que será feito?

Who: por quem será feito?

When: quando será feito?

Where: onde será feito?

How: como será feito?

How much: quanto vai custar?

Após responder a todas essas perguntas, a concretização do planejamento e a direção a seguir serão mais claras. Refletir sobre diversos cenários também vai tornar o planejamento estratégico mais eficiente.

Algo de suma importância é o acompanhamento e a revisão do planejamento. Nem sempre tudo vai sair como foi planejado no início, e isso não quer dizer que as metas e objetivos não serão alcançados; isso só nos mostra que a revisão do planejamento precisa acontecer, e "redefinir a rota" se fará necessário.

Esse processo ocorre assim como quando estamos em uma estrada e definimos uma rota com o objetivo de chegar a algum lugar. Seria ótimo e perfeito se tudo saísse como o planejado e, seguindo a rota inicial, conseguíssemos alcançar o objetivo. Mas pode chover, e uma árvore pode cair e bloquear o caminho. Nesse momento, a pista será interditada e teremos que seguir outro trajeto; será necessário "redefinir a rota", e isso não significa ineficiência da nossa parte, pois fatores externos — neste caso, a chuva e a árvore — provocaram um incidente que exigiu a mudança do plano. Assim, esse contexto mostra a importância de estar atento e a eficiência de saber exatamente como prosseguir.

O mesmo acontece em uma empresa. Por vezes, fatores internos e externos podem afetar o trajeto, exigindo uma redefinição de rota; e, nesse caso, o acompanhamento do que foi planejado será essencial.

Mas, tão importante quanto a redefinição de rota, é a identificação da causa dessa mudança: se realmente foi um fator externo que não cabia à empresa controlar, ou se foram fatores internos, que poderiam ser evitados. Essa identificação trará meios que podem ser usados ao reestruturar o planejamento e definir estratégias mais assertivas.

As três estratégias citadas são a base para qualquer estratégia de lucro a ser desenvolvida, e jamais devem ser negligenciadas, pois, além delas, uma empresa pode ter diversas outras estratégias de lucratividade, e nem todas precisam ser aplicadas ao mesmo tempo. O que se deve pensar é: qual estratégia se aplica àquele momento específico da empresa? E, com a base consolidada, a resposta a essa pergunta será mais assertiva.

Portanto, posso dizer que a melhor e mais importante estratégia de lucratividade é cuidar da gestão financeira da empresa, não de forma isolada, mas de forma integrada com todas as áreas da empresa, registrando, analisando, planejando, executando e revisando; olhando para cada detalhe e focando na otimização dos resultados, lembrando que redefinir a rota pode ser necessário, mas isso pode ser algo previsível se você tiver uma gestão financeira estruturada e integrativa.

Você, empresária ou empresário que quer avançar no desenvolvimento da sua empresa, atente-se em aplicar essas estratégias antes de qualquer ação, e lembre-se: você não precisa fazer isso sozinho. Envie-me um e-mail ou uma mensagem no *direct* do Instagram. Será um prazer contribuir para o desenvolvimento da sua empresa.

BIBLIOGRAFIA:

NICKHORN, S. O plano de ação 5W2H. *Administradores*, 2019. Disponível em: https://www.administradores.com.br/artigos/o-que-o-plano-de-acao-5w2h. Acesso em: 5 jan. 2025.

Vanessa Almeida Bini

"Vender não é estratégia de lucratividade; a principal estratégia de lucratividade é a gestão financeira bem-estruturada."

Vinícius Cerda

Meu nome é Marcus Vinícius Abreu Cerda e minha história é marcada pela simplicidade e pelas lições que a vida me deu. Nascido em São Caetano do Sul, no ABC Paulista, fui moldado pelos valores da minha família e pela fé cristã que sempre me acompanhou.

Aos 32 anos, sou um homem abençoado, casado com Taynã, minha esposa e companheira de jornada, e pai de Bernardo, um presente precioso que ilumina nossas vidas e nos faz enxergar o que realmente importa.

Crescer em São Caetano foi uma experiência enriquecedora. A cidade me ensinou muito sobre comunidade, trabalho e convivência. Foi ali que encontrei a base de quem sou.

Sou cristão, e minha fé guia minhas decisões e atitudes diárias. Acredito que nossas histórias são sempre conectadas às pessoas que nos cercam, e cada passo que dei até aqui foi possível graças ao amor de Taynã, à luz de Bernardo e à força de minha fé.

vinicius.cerda

CÓDIGOS
EMPRESARIAIS

27 A.N.D.F.: A CHAVE PARA FECHAR MAIS NEGÓCIOS

Por Vinícius Cerda

A arte de vender é muito mais do que apenas apresentar um produto ou serviço; ela envolve compreender as necessidades e os desejos do cliente, gerar um vínculo e, acima de tudo, criar uma experiência que leve ao fechamento da venda. No universo empresarial, um dos maiores desafios é atrair o interesse do consumidor, atendê-lo de maneira eficaz e fechar o negócio com sucesso. É exatamente para facilitar esse processo que surgiu a estratégia A.N.D.F. (Atenção, Necessidade, Desejo e Fechamento), uma abordagem que se concentra em quatro etapas fundamentais para alcançar resultados de vendas consistentes.

Este capítulo abordará cada uma das fases dessa estratégia, explicando como elas se interligam e como aplicá-las de forma eficaz no cotidiano de qualquer profissional de vendas. A seguir, você encontrará um guia prático para utilizar a metodologia A.N.D.F. com foco no aumento das suas taxas de conversão e no fortalecimento do relacionamento com seus clientes.

A de Atenção: o primeiro passo para o sucesso

Antes de qualquer coisa, é preciso conquistar a atenção do cliente. No mundo digital e empresarial contemporâneo, com consumidores constantemente bombardeados por anúncios e ofertas, chamar a atenção de alguém se tornou uma tarefa cada vez mais difícil. No entanto, é justamente aqui que muitos vendedores falham: eles se concentram tanto no produto ou serviço, que esquecem de cativar o cliente de maneira eficaz.

A primeira ação para garantir que o cliente preste **atenção** ao que está sendo oferecido é gerar algo inesperado ou relevante. Isso pode ser feito de diversas maneiras.

- **Conteúdo de qualidade:** use materiais ricos, como vídeos, artigos ou postagens em redes sociais, que abordem assuntos do interesse do seu público-alvo. Isso não só atrai a atenção, mas também posiciona a empresa como uma autoridade no setor.
- **Oferta personalizada:** personalize sua abordagem. Em vez de enviar uma mensagem genérica, que tal oferecer algo que seja diretamente aplicável à realidade do cliente? Isso demonstra que você entende suas necessidades e desejos.
- ***Marketing* visual impactante:** uma imagem vale mais do que mil palavras, e um bom *design* pode fazer a diferença. Use elementos visuais atraentes em suas apresentações, anúncios e conteúdos de mídia social.
- **Histórias que conectam:** as pessoas se conectam com histórias. Utilize narrativas envolventes, que mostrem como seu produto ou serviço foi capaz de resolver problemas semelhantes aos do seu cliente potencial.

A atenção inicial é, portanto, o primeiro pilar dessa estratégia. Sem ela, o resto do processo não terá eficácia. Uma vez que a atenção do cliente foi capturada, o próximo passo é trabalhar a necessidade.

N de Necessidade: entendendo o problema do cliente

O segundo estágio da estratégia A.N.D.F. trata de **identificar a necessidade** do cliente. Vendas bem-sucedidas não são sobre empurrar um produto ou serviço; elas se concentram em entender e resolver um problema real.

Na fase de necessidade, o vendedor precisa investigar e compreender os desafios que o cliente enfrenta. Aqui, é essencial que o profissional de vendas tenha um bom conhecimento sobre os produtos ou serviços que oferece, além de habilidades de escuta ativa para realmente entender o que o cliente precisa.

Algumas dicas para identificar a necessidade do cliente incluem:

- **perguntas abertas:** faça perguntas que permitam ao cliente falar livremente sobre seus problemas e desejos. Questões como "Qual é o maior desafio que você enfrenta atualmente?" ou "O que você gostaria de melhorar no seu processo atual?" podem revelar informações cruciais.
- **empatia:** colocar-se no lugar do cliente e compreender suas frustrações e ambições ajudará a construir um vínculo de confiança.

- **pesquisa antecipada:** antes mesmo de entrar em contato com o cliente, realize uma pesquisa prévia. Isso pode incluir estudar a história da empresa ou entender o contexto do mercado em que ela atua.

Após identificar a necessidade, o próximo passo da A.N.D.F. é despertar o desejo.

D de Desejo: criando o apelo emocional

Agora que você sabe qual é a necessidade do cliente, é hora de transformar isso em **desejo**. A fase do desejo é a mais emocional, e é aqui que o vendedor pode começar a apresentar seu produto ou serviço como a solução para os problemas identificados na etapa anterior.

A chave para despertar o desejo é mostrar claramente como a solução se alinha com o que o cliente realmente quer ou precisa. Isso vai além de apenas listar características do produto; trata-se de destacar os benefícios que esse produto ou serviço trará para a vida do cliente. A forma como você apresenta o que está vendendo será determinante para o sucesso da venda.

Algumas estratégias para gerar desejo incluem:

- **focar os benefícios:** em vez de simplesmente descrever características técnicas, como "este *software* tem 8 GB de memória", você pode dizer algo como "este *software* vai otimizar o tempo da sua equipe, permitindo que você ganhe duas horas de produtividade por dia".
- **provas sociais:** as pessoas tendem a querer o que outras já têm. Incluir depoimentos de clientes satisfeitos ou casos de sucesso pode aumentar significativamente o desejo de compra.
- **urgência e exclusividade:** criar um senso de urgência (como ofertas limitadas) ou exclusividade (como descontos especiais para clientes VIP) pode tornar o produto ou serviço ainda mais desejável.
- **apelo visual:** utilize imagens ou vídeos que mostrem o produto em ação. Ver alguém usando o produto de forma bem-sucedida pode ajudar a despertar o desejo no cliente.

Uma vez que o desejo foi estabelecido, o último passo da A.N.D.F. é o fechamento.

F de Fechamento: o momento de decisão

O **fechamento** é a etapa final do processo de vendas, na qual você facilita a decisão do cliente e transforma o desejo em ação concreta. Nessa fase, a confiança já foi construída e o cliente está pronto para tomar uma decisão.

O fechamento de vendas é uma habilidade crítica, e muitas vezes é o que separa um vendedor bem-sucedido de um mediano. Aqui estão algumas técnicas e abordagens eficazes.

- **Fechamento direto:** uma das maneiras mais simples e eficazes de fechar a venda é ser direto e perguntar: "Você gostaria de fechar a compra agora?". Pode parecer ousado, mas muitas vezes os clientes apreciam essa clareza e objetividade.
- **Oferecer garantias:** em muitas situações, a oferta de uma garantia pode ajudar a remover as últimas hesitações do cliente. Garantias de devolução de dinheiro ou trocas facilitadas dão ao cliente a confiança de que, se algo der errado, o problema poderá ser resolvido facilmente.
- **Recapitulação de benefícios:** antes de pedir a decisão final, faça uma recapitulação rápida de todos os benefícios que o cliente obterá ao escolher seu produto ou serviço. Isso ajuda a reforçar a ideia de que a compra será vantajosa.
- **Não force a venda:** às vezes, a melhor abordagem é simplesmente dar ao cliente o tempo necessário para pensar. Em vez de pressioná-lo, ofereça-se para responder a qualquer dúvida e, em seguida, permita-lhe tomar a decisão com mais tranquilidade.

O fechamento é, portanto, o momento em que o vendedor colhe os frutos de todo o trabalho de construção de relacionamento, entendimento e desejo. No entanto, ele não deve ser encarado como um fim, mas sim um passo natural em um processo contínuo de construção de relacionamento com o cliente.

Conclusão: a importância da estratégia A.N.D.F. nas vendas

Em um mercado competitivo, a diferença entre uma venda perdida e uma venda bem-sucedida muitas vezes reside em como você aborda o cliente. A metodologia A.N.D.F. fornece um caminho claro e eficaz para qualquer profissional de vendas.

Aplicando corretamente essas quatro etapas, você não apenas aumenta suas chances de conversão, mas também cria uma experiência positiva para o cliente, que se sentirá mais valorizado e compreendido ao longo de todo o processo. Lembre-se de que, em vendas, não se trata apenas de vender um produto, mas de oferecer soluções que realmente atendam às necessidades e desejos de quem está do outro lado.

Este foi o passo a passo da estratégia A.N.D.F., uma ferramenta poderosa para quem busca resultados tangíveis e uma abordagem ética e eficaz no universo das vendas.

Acesse o *QRCode* e tenha acesso à minha rede social.

Vinícius Cerda

“Somente quem suporta o processo é capaz de alcançar o propósito que o destino reserva.”

Welisson Sales

Sou Welisson Sales, esposo da Diones, pai da Heloíse e da Helena. Minha jornada profissional começou aos quatorze anos; hoje, sou advogado, administrador, especialista em Gestão de Negócios e empresário. Tive uma trajetória marcada por desafios e conquistas. Liderei uma franquia de educação que, sob minha gestão, alcançou resultados e selos de reconhecimento nacional. Ingressei no Direito ao perceber nesse campo de estudo uma oportunidade de transformar a atuação tradicional por meio de uma visão de negócios. Hoje, um dos meus escritórios tem uma operação que atende clientes em todo o Brasil, e o outro é focado em impulsionar negócios com estratégias jurídicas. Minha história reflete a busca constante por resultados concretos e pela construção de negócios sólidos que gerem impacto positivo.

welissonsales

CÓDIGOS EMPRESARIAIS

28

DELEGAÇÃO EFICIENTE: LIDERANDO EM ALTA PERFORMANCE

Por Welisson Sales

Você escolheu este livro por um motivo, e pode ser que nem consiga defini-lo com exatidão. Pode ter sido o título instigante, a curiosidade pelo tema, ou pela recomendação de alguém que acredita em seu potencial. O importante é que sua presença aqui demonstra uma intenção poderosa: você quer melhorar, superar desafios e alcançar novos patamares na gestão.

Delegar é um dos maiores desafios para quem lidera, especialmente em um ambiente voltado para o crescimento. Contudo, delegar não é apenas uma técnica; é uma arte que depende de dois pilares essenciais: liderança e comunicação. Embora esses temas já tenham sido amplamente abordados, inclusive nesta obra, acredito que minha experiência e visão podem acrescentar algo único a seu aprendizado.

Liderar é sobre inspirar pessoas a seguirem um propósito maior, enquanto comunicar é garantir que essa visão seja claramente compreendida e compartilhada por todos. Delegar, por sua vez, transforma essa conexão em ação, permitindo que cada membro da equipe contribua para um todo mais forte e alinhado.

A delegação eficaz também é uma demonstração de confiança, tanto na capacidade dos membros da equipe quanto no potencial deles para realizar tarefas que podem parecer desafiadoras. Essa confiança pode transformar a dinâmica de um grupo e elevar o moral, resultando em um ambiente de trabalho mais coeso e produtivo.

Este capítulo é um convite à reflexão e à prática, a fim de transformar sua visão sobre gestão, mesmo que você ainda não tenha uma equipe. É fundamental entender que negócios prósperos são construídos por pessoas com propósitos alinhados. Meu objetivo é conectar esses pilares de maneira prática e aplicável, para que você não apenas compreenda, mas também vivencie os resultados de uma delegação eficiente.

Se você está pronto para repensar sua maneira de liderar, comunicar e delegar, embarque comigo nesta jornada. Vamos explorar ferramentas, práticas e ideias que possam ser um ponto de virada na sua gestão. Afinal, o primeiro passo para a transformação é a decisão de começar.

Se suas ações motivam as pessoas a sonhar, aprender e colaborar mais, você é um líder.

Considero que a liderança de alta performance vai além de ocupar um cargo de destaque. Ser um líder de sucesso envolve a habilidade de inspirar, influenciar e impactar de forma significativa as pessoas ao seu redor. Vamos explorar os pilares fundamentais de uma liderança transformadora, preparando você para construir equipes engajadas e motivadas, prontas para enfrentar os desafios do mercado.

O mundo dos negócios é dinâmico, e até mesmo uma famosa frase atribuída a Lewis Carroll em *Alice no país das maravilhas* ilustra a importância de ter uma visão clara e um propósito: **"Se você não sabe para onde está indo, qualquer caminho serve"**. Essa afirmação é uma reflexão profunda sobre como a falta de direção pode levar à estagnação.

Acredito fortemente que a base de qualquer liderança eficaz está na clareza da visão. Um líder de sucesso compreende profundamente o rumo que deseja seguir, e é capaz de articular essa visão de forma clara e inspiradora. A comunicação frequente e alinhada aos valores do seu negócio é essencial para manter todos na mesma direção e formar uma cultura fortalecida. Para isso, recomendo algumas práticas.

- Dedique um tempo para refletir e definir a visão a longo prazo do seu negócio. Pergunte-se: onde quero estar nos próximos cinco anos? Quais são os valores que quero que minha equipe compartilhe?
- Separe esse objetivo em metas menores para facilitar a visualização dos resultados. Estabeleça indicadores que possam ser acompanhados regularmente.
- Registre essa visão por escrito e compartilhe-a continuamente com sua equipe. Use murais, e-mails ou reuniões para manter essa visão viva no cotidiano.

- Realize reuniões trimestrais de alinhamento estratégico para discutir o progresso. Essas reuniões são fundamentais para reavaliar metas e adaptar estratégias conforme necessário.

Ao manter uma comunicação assertiva e transparente, você estará implementando um dos elementos-chave para exercer uma liderança eficaz. A comunicação eficiente está diretamente ligada à capacidade de delegar, que é uma habilidade crucial para qualquer líder. O *feedback* regular, a abertura para ouvir e o acompanhamento contínuo criam um ambiente de confiança e eficiência dentro da sua equipe. Essa confiança não apenas aumenta a produtividade, mas também melhora a satisfação e o engajamento dos colaboradores.

Mas antes de avançar na leitura sobre delegação, é fundamental desconstruir crenças limitantes que podem ter sido instaladas em você, sem que tenha notado. Por isso, é muito importante ter em mente que, para o seu negócio realmente crescer, é necessário permitir que outras pessoas realizem tarefas que você acredita serem exclusivamente suas. Muitas vezes, seus liderados podem executar essas tarefas até mesmo com qualidade superior. No entanto, a falta de um método claro para repassar responsabilidades impede essa delegação. Cuidado com frases como:

- "Ninguém faz tão bem quanto eu";
- "Vou perder mais tempo explicando para alguém";
- "Se eu fizer, vou terminar muito mais rápido";
- "Meus colaboradores não dão conta do recado";
- "Se eu não fizer, vai perder a essência";
- "Gosto de realizar o trabalho com minhas próprias mãos";
- "Se é para conferir depois, melhor eu mesmo fazer desde o início".

Se você já pensou ou disse uma dessas frases, é hora de refletir sobre como isso está sufocando o crescimento do seu negócio. Essas crenças podem ser um entrave significativo para a sua evolução como líder. E se você está começando a montar sua equipe, fuja dessas armadilhas. Ao evitá-las, você estará muitos passos à frente.

A delegação é um dos maiores diferenciais de um líder bem-sucedido.

Quero ajudar você a compreender que delegar eficientemente não é apenas transferir tarefas, mas empoderar sua equipe para alcançar resultados extraordinários. Saber delegar corretamente permite que o líder foque nas atividades de maior impacto, principalmente aquelas que gerarão novos negócios, enquanto desenvolve a equipe ao conceder responsabilidades. A delegação não é simplesmente distribuir tarefas, mas garantir que as pessoas certas estejam trabalhando nos projetos certos, com os recursos necessários para terem sucesso.

A delegação correta é vital para o crescimento de um negócio. Um gestor de sucesso sabe que não pode realizar todas as tarefas sozinho. A delegação eficiente promove um ambiente de colaboração e crescimento, dividindo as atividades conforme as especialidades de cada membro da equipe.

Práticas de delegação

- **Identifique atividades-chave para delegar:** separe o que pode ser repassado sem perder qualidade. Pense em tarefas que sejam repetitivas ou que não exijam sua *expertise*.
- **Defina um *playbook*:** faça um detalhamento das tarefas, estabelecendo pessoas responsáveis e metas bem definidas. Um *playbook* é um guia que deve ser consultado sempre que uma tarefa é delegada, assegurando que todos tenham acesso às informações necessárias.
- **Treine sua equipe:** para que as tarefas sejam replicadas corretamente, comece com demonstrações. Mostre como você realiza as tarefas e explique o porquê das decisões.
- **Acompanhamento:** confie na equipe e monitore o progresso, fornecendo *feedback* contínuo. Este acompanhamento não deve ser visto como controle, mas como uma oportunidade de aprendizado.
- **Desenvolva a autonomia:** incentive decisões dentro do escopo das responsabilidades. Ao empoderar sua equipe para tomar decisões, você não apenas fortalece a confiança, mas também estimula a inovação.

Alguns questionamentos importantes a seguir.

- Quanto tempo tenho perdido fazendo tarefas repetitivas?
- Quanto dinheiro estou perdendo ou deixando de ganhar por não focar em tarefas estratégicas?
- Por que não sinto confiança em delegar? O problema é a confiança na equipe ou sou centralizador?

- Se eu delegar tarefas operacionais com eficiência, vou me sentir menos sobrecarregado?

Essa reflexão é para você que está pensando em começar um time, mas não sabe se é a hora. Se você tivesse alguém para delegar suas tarefas hoje, você teria tempo livre para buscar novos contratos?

É crucial que você mentalize essas perguntas e anote as respostas em um lugar que você visite frequentemente. Delegar é um hábito que deve ser reforçado com regularidade. A prática da delegação se torna mais fácil com o tempo, à medida que você se torna mais confiante nas habilidades de sua equipe e na eficácia do processo que estabeleceu.

Espero que tenha compreendido que a capacidade de delegar é uma habilidade essencial para o crescimento pessoal e profissional. Ao desenvolver esse hábito, você não apenas alivia sua carga de trabalho, mas também empodera sua equipe, promovendo um ambiente de colaboração e inovação. Essa inovação é o que pode diferenciar seu negócio em um mercado competitivo.

A verdadeira liderança envolve inspirar e motivar os outros a alcançarem seu potencial máximo, o que é facilitado por processos claros e uma comunicação eficaz. Essa sinergia não apenas melhora o desempenho do time, mas também libera tempo para focar em estratégias de crescimento. Delegar é um caminho para a liberdade, permitindo que você se concentre no que realmente importa e conduza seu negócio a novos patamares de sucesso.

Mas lembre-se, obter o livro é apenas o primeiro passo. É fundamental que você o tenha sempre à mão. Através dele, você descobrirá comportamentos e atitudes essenciais para alcançar resultados extraordinários em diversas áreas da sua vida.

Ele o provocará a refletir e o inspirará a sonhar alto, reconhecendo as ações necessárias para transformar esses sonhos em realidade. Vamos nessa jornada juntos? Um forte abraço!

BIBLIOGRAFIA

CARROLL, L. *Alice no país das maravilhas.* São Paulo: Dark Side, 2019.

Welisson Sales

“Seu sucesso é o resultado das escolhas que você faz e do esforço que você dedica a cada um de seus sonhos.”

Crédito: Gabriel Brawne.

Yve Góes

Meu nome é Yve Góes e sou apaixonada pela vida, pelo novo e pelos desafios. Sou filha de Israel e Cristina, meus amores, irmã de Zinho e tia de Marina e Zael, minha base e inspiração diária.

Sou jornalista e administradora, empresária e DJ. Amo empreender, criar e transformar ideias em realidade. Como uma boa aquariana, sou movida pela criatividade e inovação, sempre cheia de projetos e sonhos, mas por muito tempo tive dificuldades em organizá-los. Foi quando percebi que, para as coisas realmente acontecerem, eu precisava aprender a gerenciar melhor meu tempo e minha energia.

Esse aprendizado mudou minha vida e é exatamente isso que quero compartilhar aqui. Se eu consegui transformar minha rotina e minha produtividade, tenho certeza de que você também consegue.

djyvegoes

ecodecorsalvador

CÓDIGOS EMPRESARIAIS

29

O DESPERTAR PARA A PRODUTIVIDADE

Por Yve Góes

Se há algo que todos os empresários têm em comum, é a sensação de que o tempo nunca é suficiente. Durante anos, vivi esse dilema. Trabalhava incansavelmente, acumulava compromissos e tentava estar em todos os lugares ao mesmo tempo. Mas, apesar das horas intermináveis de dedicação, o resultado era sempre o mesmo: a sensação de que poderia estar fazendo mais e melhor.

Foi então que me deparei com o livro *Produtividade para quem quer tempo*, de Geronimo Theml, e tive um verdadeiro estalo. Geronimo apresentava um conceito simples, mas extremamente poderoso: não é sobre fazer mais, mas sobre fazer melhor.

Uma das ideias que mais me impactou foi a diferença entre estar ocupado e ser produtivo. Muitas vezes, eu preenchia minha agenda com tarefas que pareciam urgentes, mas que, no fundo, não me levavam na direção dos meus objetivos estratégicos. Foi nesse momento que percebi que a chave não era trabalhar mais horas, mas aprender a usar meu tempo de maneira mais inteligente e assertiva.

A partir desse despertar, comecei a estudar metodologias de gerenciamento do tempo, testando ferramentas e aplicando mudanças na minha rotina. Descobri que produtividade não se trata apenas de eficiência, mas de clareza, foco e intencionalidade.

Minha necessidade de gerenciar o tempo de forma estratégica ficou ainda mais evidente porque minha vida não se resume apenas ao empreendedorismo. Além de administrar meus negócios, também sou DJ, uma paixão que exige tempo para pesquisa musical e apresentações. E, claro, ainda há minha vida pessoal, que faço questão de manter ativa.

Por muito tempo, tentei equilibrar essas áreas de forma desorganizada. Resultado? Sentia que estava sempre correndo, sem conseguir aproveitar verdadeiramente nenhuma dessas esferas da minha vida. Até que percebi que, se eu quisesse dar conta de tudo, precisaria de uma gestão de tempo eficiente e, mais do que isso, adaptada ao meu estilo de vida.

Esse ajuste foi essencial para que eu pudesse focar o que realmente exige minha atenção, sem me perder em pequenas demandas diárias. Antes de aplicar esses conceitos, eu acreditava que produtividade era sinônimo de estar ocupada o tempo todo. Hoje, entendo que ser produtiva é ter controle sobre meu tempo e minha energia, garantindo que eu consiga crescer nos negócios, evoluir na música e, ao mesmo tempo, viver com qualidade. Aqui, compartilharei em detalhes os métodos que fizeram diferença na minha vida e como você também pode aplicá-los. Seja você um empresário, artista ou alguém que busca mais equilíbrio na rotina, saiba que é possível construir um modelo de tempo que funciona.

Agora, convido você a dar o próximo passo nessa jornada e descobrir o verdadeiro Código do Tempo.

Tempo sempre foi um dos meus maiores desafios como empresária. Durante anos, me vi presa em uma rotina caótica, tentando equilibrar reuniões, gestão da equipe, tomada de decisões estratégicas e, claro, minha vida pessoal. A sensação era de estar sempre ocupada, mas nunca verdadeiramente produtiva.

Foi quando percebi que, se eu quisesse crescer sem me sobrecarregar, precisaria aprender a gerenciar meu tempo com inteligência. Não bastava apenas trabalhar mais; eu precisava trabalhar melhor. E foi assim que comecei a aplicar algumas metodologias que mudaram completamente a forma como organizo meus dias.

A descoberta do GTD e como ele mudou minha rotina

Minha jornada começou após ler o livro *A arte de fazer acontecer*, de David Allen, que foi o criador do método Getting Things Done (GTD). Antes disso, minha mente estava sempre cheia: compromissos, tarefas, ideias soltas e decisões pendentes ocupavam um espaço mental que me deixava exausta. O primeiro grande aprendizado foi tirar tudo da cabeça e organizar externamente.

Comecei a anotar absolutamente tudo o que precisava de atenção: desde pequenas tarefas operacionais, até grandes decisões estratégicas. De repente, minha mente ficou mais leve. Com tudo devidamente anotado e organizado, percebi que a sobrecarga não vinha do excesso de tarefas, mas da falta de clareza sobre como lidar com elas.

Ao classificar cada tarefa e separá-las em projetos, próximas ações e lista de espera, minha produtividade aumentou significativamente. Passei a trabalhar com mais foco, sabendo exatamente o que precisava ser feito a cada momento.

Aprendendo a dizer "não"

Outro grande desafio que enfrentei foi aprender a diferenciar o urgente do importante. Antes, qualquer ligação ou pedido de um cliente parecia uma emergência. A sensação de estar sempre apagando incêndios me impedia de avançar em tarefas realmente estratégicas.

Em um curso de liderança que fiz em Salvador, em 2018, conheci a Matriz de Eisenhower, uma técnica criada por Dwight D. Eisenhower, o 34º presidente dos Estados Unidos, que a desenvolveu para organizar a sua própria tomada de decisão, e então comecei a aplicá-la diariamente. Antes de mergulhar em qualquer nova atividade, perguntava a mim mesma:

- "Isso é urgente e importante?". Se sim, eu resolvia imediatamente;
- "É importante, mas não urgente?". Então eu agendava um momento adequado para trabalhar naquilo;
- "É urgente, mas não importante?". Eu delegava;
- "Não é nem urgente nem importante?". Simplesmente eliminava.

Esse simples exercício me fez perceber que muitas tarefas que, antes pareciam essenciais, na verdade apenas consumiam meu tempo sem gerar valor real. Mesmo após aplicar o GTD e a Matriz de Eisenhower, ainda me via constantemente interrompida.

Foi quando conheci, por meio de um artigo no site da BCN Treinamentos, o conceito de *time blocking*, ou bloqueio de tempo, que se tornou uma das ferramentas mais poderosas para minha organização. Antes, eu tentava fazer tudo ao mesmo tempo: responder e-mails enquanto analisava relatórios, participar de reuniões e, no meio disso, tentar tomar decisões estratégicas. O resultado? Nenhuma dessas tarefas era feita com máxima eficiência.

Ao implementar o bloqueio de tempo, passei a dividir meu dia em blocos específicos.

- Manhãs dedicadas a decisões estratégicas e planejamento.
- Tardes reservadas para reuniões e interações com a equipe.
- Fim do dia para tarefas administrativas e revisão de projetos.

O impacto foi imediato: menos estresse, mais clareza e, acima de tudo, maior qualidade no trabalho. Um dos erros mais comuns dos empresários é acreditar que precisam fazer tudo sozinhos. Eu mesma caí nessa armadilha por muito tempo, até perceber que minha empresa cresceria muito mais rápido se eu aprendesse a delegar e automatizar.

O primeiro passo foi identificar tarefas que não exigiam minha atenção direta. Algumas perguntas me ajudaram nesse processo:

- "Essa atividade exige minha experiência específica ou pode ser feita por alguém da equipe?"
- "Existe alguma ferramenta que pode automatizar essa tarefa?"

Descobri que muitas das minhas atividades diárias poderiam ser transferidas para outras pessoas ou otimizadas com tecnologia. Algumas das ferramentas que mais me ajudaram foram:

- Trello para gestão de projetos.
- Google Agenda para organização da agenda.
- Zapier para automação de processos repetitivos.

Com menos tempo desperdiçado em tarefas operacionais, passei a focar o que realmente fazia minha empresa crescer: inovação, estratégias e desenvolvimento de pessoas.

O equilíbrio entre produtividade e qualidade de vida

Uma das maiores lições que aprendi ao longo desse processo foi que trabalhar mais horas não significa ser mais produtivo. Antes, eu acreditava que precisava estar disponível 24/7 para garantir o sucesso do meu negócio. No entanto, essa mentalidade apenas me levou à exaustão.

Ao estruturar meu tempo de maneira mais eficiente, percebi que poderia trabalhar menos, porém com muito mais impacto. Além disso, aprendi a criar limites saudáveis entre vida pessoal e profissional. Hoje, sigo algumas regras fundamentais.

- **Manhãs sem celular:** começo meu dia focando planejamento e estratégia, sem distrações.
- **Fim de semana sem e-mails:** a menos que seja uma emergência real, aprendi a respeitar meus momentos de descanso.

- **Tempo reservado para aprendizado:** sempre separo algumas horas da semana para estudar, ler e me atualizar.

O resultado foi surpreendente: não apenas minha empresa cresceu mais, como também me tornei uma empresária mais feliz e equilibrada.

Aprender a gerenciar meu tempo foi um divisor de águas na minha vida empresarial. Antes, eu sentia que trabalhava o dia inteiro sem avançar de verdade. Hoje, consigo focar o que realmente importa, tomo decisões com mais clareza e, acima de tudo, tenho tempo para mim mesma.

Se há uma lição que quero deixar neste capítulo, é esta: tempo não é sobre quantidade, mas sobre qualidade. Aplicando técnicas como GTD, Matriz de Eisenhower, *time blocking*, qualquer empresário pode transformar sua rotina e alcançar um nível superior de produtividade.

Algo muito valioso que aprendi ao longo dessa jornada é que o verdadeiro sucesso não está em fazer tudo, mas em fazer o que realmente importa. Gerenciar meu tempo com estratégia me permitiu expandir meus negócios, evoluir como DJ e, acima de tudo, viver com mais leveza e propósito. Agora, a questão não é mais como encaixar tudo na agenda, e sim como garantir que cada momento tenha valor real. E essa mudança de mentalidade faz toda a diferença.

Não posso negar que, mesmo com todas essas estratégias, ainda me pego, às vezes, perdida em tarefas aleatórias ou distrações do dia a dia. Mas a grande diferença é que agora sei exatamente o que precisa ser feito e, quando percebo que saí do eixo, tenho ferramentas para me reorganizar e voltar ao foco. Esse é o verdadeiro poder do gerenciamento do tempo: ele não exige perfeição, mas consciência e ajuste constante.

Está pronto para transformar a sua rotina e assumir o controle do seu tempo? Agora, o desafio está nas suas mãos: como você vai aplicar esse código na sua vida?

BIBLIOGRAFIA

ALLEN, D. *A arte de fazer acontecer*: o método GTD - Getting Things Done: estratégias para aumentar a produtividade e reduzir o estresse. Rio de Janeiro: Sextante, 2015.

BCN Treinamentos. *Time blocking: ferramenta essencial para produtividade.* Disponível em: https://blog.bcntreinamentos.com.br/time-blocking/. Acesso em: 19 mar. 2025.

Yve Góes

"Produtividade não é fazer mais, é fazer melhor. Quando você domina seu tempo, consegue equilibrar negócios, paixão e vida com leveza."

EDITORA
CHAVE MESTRA®

Instagram: @editorachavemestra

E-mail: editora@editorachavemestra.com.br

Site: www.editorachavemestra.com.br